History of Chinese
Overglaze Decorated
Porcelain

中国釉上彩瓷史略

江建新 著
Jiang Jianxin

文物出版社

书籍设计　特木热
摄　　影　邬书荣
　　　　　万淑芳
责任印制　梁秋卉
责任编辑　张小舟

图书在版编目(CIP)数据

中国釉上彩瓷史略／江建新著. — 北京：文物出
版社，2015.9 (2017.5)
　　ISBN 978-7-5010-4393-4

　　Ⅰ. ①中… Ⅱ. ①江… Ⅲ. ①釉上彩—瓷器（考古）
—研究—中国 Ⅳ. ①K876.34

中国版本图书馆CIP数据核字(2015)第223815号

中国釉上彩瓷史略

江建新　著

文物出版社出版发行
北京东直门内北小街2号楼
http://www.wenwu.com
E-mail: web@wenwu.com
北京金彩印刷有限公司印刷
2015年9月第1版　2017年5月第2次印刷
787×1092　1/16　印张：5.5
ISBN 978-7-5010-4393-4
定价：60元

目錄

第一章 绪言

我国的陶瓷彩绘历史源远流长，早在新石器时代，生活在黄河、长江流域的先民们已开始使用天然矿物（如赭石等）色涂料装饰陶器[1]。而随着时代发展，先民们的生存形式和审美意识的变化，并随着这种变化所达到的工艺要求，其装饰的形式和风格也不断变化。今天我们若从那些流传至今的遗物所具有的时代与工艺特征来区分，我国陶瓷彩绘史上曾出现过：先秦至汉代主要采用矿物质涂料装饰的彩陶；三国东吴时代以氧化铁为着色剂的青瓷；晋代青釉褐斑彩瓷；隋代釉下黑彩瓷；唐代以长沙窑为代表的采用氧化铁、铜为着色剂的釉下褐、绿彩青瓷；唐代三彩陶器；宋、金时代磁州窑为代表的釉下白地黑花彩瓷和釉上红绿彩瓷等。可见，从我国最早的彩陶至釉上彩瓷的出现，时间跨度有数千年之久，其工艺演进十分缓慢，品种也很单调。然而，釉上彩瓷出现之后，情况便不同了，几百年间，我国彩瓷技术便得到飞速的发展，如宋定窑釉上红彩和金彩，金磁州窑釉上红绿彩瓷，元景德镇釉上红绿彩和金彩，明官窑洪武釉上红彩，永乐矾红填绿彩，宣德青花填黄、填红与斗彩，成化青花双勾廊填斗彩，嘉靖采用黑彩替代青花勾线的所谓"大明五彩"[2]，清康熙硬彩以及引进国外颜料（主要加砷、硼元素）烧制的珐琅彩、粉彩，清末出现的浅绛彩，民国新彩等等，可谓品种繁多、万紫千红。

---

[1] 详李国桢、郭演仪《中国名瓷工艺基础》，上海科学技术出版社，1988年，43页。按：彩绘装饰的原料多用天然的赭石，红土或锰土。有的器物表面也涂红色或白色的陶衣，有的彩绘是画在已经磨光的干陶坯上，然后入窑烧成；有的是在陶器烧好以后才涂绘上花纹。

[2] 清·佚名《南窑笔记》谓："其五彩，则素瓷纯用彩料画填出者是也。"嘉靖出现釉上黑彩，并有纯用釉上红、绿、黄、黑彩绘画的瓷器，此即所谓大明五彩瓷。

从上述可知，宋、金时代釉上红绿彩的出现是中国陶瓷工艺发展史上的一个里程碑，为中国彩瓷技术的发展开辟了一条新途径。而到宣德斗彩的烧制成功，则标志着这一彩饰工艺的成熟。其成熟的彩饰工艺为明以后彩瓷发展奠定了基础，它不仅对我国陶瓷发展产生了深远影响，而且对邻国十五世纪安南（越南）陶瓷和十七世纪有田（日本）陶瓷也产生了重大影响。清康雍乾时期的釉上彩是中国彩瓷发展的顶峰，清中后期至民国时期在继承前代基础上有所创新。因此对宋金时代至民国时期釉上彩作一考察，这不仅对研究中国彩瓷发展史，就是对整个中国陶瓷工艺、科技和文化艺术史的研究也都是十分有益和必要的。

第二章　关于最早的釉上彩瓷器

　　我国十四世纪前没有记载有关釉上彩之类的文献，直到洪武二十一年（公元1388）曹昭《格古要论》中才有片言只语的相关文字[3]。因此，要研究早期釉上彩瓷便只能借助于实物资料了。以现今的公私收藏和公开发表的资料来看，我国最早的釉上彩瓷有以下两类：一为定窑系釉上彩；一为磁州窑系釉上彩。前者有上海博物馆藏定窑白瓷刻花红彩碗（图1）（内壁饰红彩书"长寿酒"铭）[4]与传世和出土的几件白釉、蓝釉、黑釉金彩及紫定金彩器等[5]；后者则有大量传世与出土的红绿彩瓷。从现今考古资料来看，前者遗物在窑址中尚未发现，而后者则在河南、河北、山东和山西地区的磁州窑系20多个窑址中有发现[6]。鉴于定窑釉上彩遗物稀少，且彩饰工艺和烧造年代与磁州窑产品大体相同。因此，笔者在下文将着重介绍和讨论磁州窑红绿彩瓷。

图 1
定窑刻花"长寿酒"铭碗
上海博物馆藏

［3］明·曹昭《格古要论》卷之七"古饶器"条，《景印文渊阁四库全书》子部一七七杂家类，总第八十一册，而200。

［4］《中国陶瓷·定窑》，上海人民美术出版社，1983年，图版75。

［5］详（日）小学馆《世界陶磁全集·12·宋》，1977年，图版15、17；袁南征《合肥出土紫定金彩瓶》，《文物》1988年第6期，86-87页；东京国立博物馆《特别展·中国的陶磁》、平成六年，图片154、157、158。

［6］秦大树、马忠理《论红绿彩瓷器》，《文物》1997年第10期，55页。

图2
磁州窑红绿彩牡丹纹碗
日本东京国立博物馆藏

图3
磁州窑红绿彩芦雁衔枝纹碗
日本安宅公司藏

　　从目前国内外见诸公开的收藏来看，磁州窑系红绿彩总数有百余件，而近年在旧城改造基建工地采集到的红绿彩标本总计约2万件[7]。兹举几例馆藏有代表性的介绍如下：

　　1. 红绿彩牡丹纹碗，高4厘米，足径6厘米，口径15.5厘米。日本东京国立博物馆藏[8]。（图2）

　　2. 红绿彩芦雁衔枝纹碗，高4厘米，口径15.2厘米。日本安宅公司收藏（图3）[9]。

[7]按：日本收藏有50件左右，参见长谷部·乐尔著《五彩水禽文碗 为宋赤绘》，东京国立博物馆志，一九七四年六月号。美国收藏十几件，参看 Yutaka Mino. "Freedom of clay and Brush through Seven centuries in Northem chian;TZ,u-chou Type wares,960-1600 A.D" Indiana Vniversity Press,1981，B100mington. 又据报道，我国邯郸市峰峰区以及河南、山西等地又出土有几十件，英、法等国博物馆亦有收藏。国内外收藏总计百余件。据望野《河南中部迤北发现的早期釉上多色彩绘陶瓷》（《文物》2006年第2期）文载，近年采集的标本总计约两万件，其中完整或较完整的器物100余件。

[8]（日）小学馆编《世界陶磁全集.13.辽金元》，1981年，图版20。

[9]同注(6)，版图21。

3. 红绿彩水禽纹碗，口径 17.3 厘米。日本东京国立博物馆收藏（图 4）[10]。

4. 红绿彩荷花纹碗，口径 16.8 厘米。美国芝加哥美术馆收藏（图 5）[11]。

5. 红绿彩鱼纹碗，口径 16.8 厘米。英国维多利亚博物馆收藏（图 6）[12]。

6. 红绿彩牡丹纹罐，高 10.5 厘米。日本大和文华馆收藏（图 7）[13]。

7. 红绿彩牡丹纹高足杯，口径 8.9 厘米。日本东京国立博物馆藏（图8）[14]。

8. 红绿彩花卉纹粉盒，直径 10 厘米。香港关善明收藏（图 9）[15]。

9. 红绿彩孩子枕，高 15.4 厘米。香港关善明收藏（图 10）[16]。

10. 红绿彩文臣俑，高 32 厘米。台湾鸿禧美术馆收藏（图 11）[17]。

11. 红绿彩莲荷纹玉壶春瓶，高 30.4 厘米。美国印地安纳鸿利斯美术馆和深圳望野博物馆有收藏（图 12）[18]。

图 4
磁州窑红绿彩水禽纹碗
日本东京国立博物馆藏

图 5
磁州窑红绿彩荷花纹碗
美国芝加哥美术馆藏

图 6
磁州窑红绿彩鱼纹碗
英国维多利亚博物馆藏

[10]东京国立博物馆《特别展·中国的陶磁》，平成六年，图版 216。

[11]"Masterpieces of chinese Art from the Art Institute of Chincago",Muscum of Driental Ceramics, Osaka,1989. Osaka P1-79.

[12]（日）佐藤雅彦《中国陶瓷史》昭和 53 年 3 月 27 日初版，平凡社发行，图 168。

[13]同注 (6)，图版 270。

[14]东京国立博物馆《东京国立博物馆图版目录·中国陶瓷篇 I 》，东京美术，

1988 年，图版 602。

[15]香港艺术馆《关氏所藏宋代陶瓷》，1994 年，图版 161。

[16]同注 (13)，图版 160。

[17]鸿禧美术馆《中国历代陶瓷选集》，1990 年，台湾，图版 5。

[18]yutaka Mino, "Freedom of clay and Brush through seven centuries in Nothem China:IZu-chou Type wores 960-1600 A.D" Indinana Vniversity press 1981,Bloom ingtom P1.105;深圳博物馆等《精彩》，文物出版社，2009 年，版图 80。

图 7
磁州窑红绿彩牡丹纹罐
日本大和文华馆藏

图 8
磁州窑红绿彩牡丹纹高足杯
日本东京国立博物馆藏

图 9
红绿彩花卉纹粉盒
香港关善明藏

图 10
红绿彩孩子枕
香港关善明藏

图 11
红绿彩文臣俑
台湾鸿禧美术馆收藏

图 12
红绿彩莲荷纹玉壶春瓶
深圳望野博物馆收藏

以上例 1-5，其纹饰均绘于碗心及内壁的白釉之上，外壁素白无纹，形制基本一致。其纹饰均采用矾红勾描出图案，以绿、黄色饰地或摺抹、廓填花瓣、草、叶之类。其中例 1、2 器足底均有墨书"泰和元年二月十五日记"铭，这段纪年文字是目前可资判断红绿彩烧造年代的唯一根据。例 6，该罐器型为宋流行样式，所绘纹饰彩画风格与上述牡丹纹碗一致。例 7，该杯内壁底心绘折枝牡丹纹，外壁用红、黄线隔框，框内书矾红"天地大吉一日无事深谢"十字，这是仅见的一件釉上两面彩（杯内、外壁）瓷器，其文字装饰当直接受磁州窑铁绘影响，另见有书"招财利市"、"冯"、"大吉"矾红字样的碗[19]。例 8，口沿与盒面边缘均以黑彩作边饰，盒面黑圈内以黄彩绘六出花瓣，绿彩绘叶，红彩描枝，该器彩饰手法与上述器物略有不同，即未以红彩勾描图案，为红绿彩中较为稀见的制品。例 9，枕面以白地用红、绿彩绘石榴纹，婴孩眉眼、发髻、衣褶纹以高温黑彩勾绘，其彩饰手法与例 8 相似，当为同一窑口产品，有学者认为是宋山西长治窑烧造的产品[20]。广州南越王博物馆藏红绿彩鹅纹长方形枕和折枝花卉纹枕[21]与上述孩子枕彩饰风格相近，似为同一窑口的产品。例 10，其俑衣褶纹用绿彩涂抹，内填红彩，发冠用红、黄、绿三色描绘，眉眼、胡须、座框用黑彩勾画，与该器彩饰风格相近的有日本出光美术馆藏红绿彩婴孩瓷塑[22]，天津艺术博物馆藏红绿彩持莲童子[23]，此类产品见诸报道的还有男女立俑，文殊菩萨（有贴金装饰）、武士俑、小狗等。例 11，腹部以黄色为地饰莲花荷叶纹，花瓣填红彩，叶填绿、黄彩，口颈部施有绿釉，该器造型和装饰手法是红绿彩中仅见的一种，其窑口尚待研究。

［19］yutatka Mino, "Ciahou Type Ware Decorated with Enamel Oergiaze paninting"《迎接二十一世纪的中国考古学国际讨论会》论文，1983 年，北京大学。

［20］同注（14）。

［21］广州西汉南越王墓博物馆、宝法德企业有限公司《枕——杨永德伉俪捐赠藏枕》，1993 年，图版 147、145。

［22］同注（12），图版 128。

［23］《天津市艺术博物馆藏瓷》，文化出版社、两木出版社，1993 年。

现在仅就纹饰作一考察：

1、牡丹纹

牡丹，本名芍药，唐以前少有人提及，唐·段成式谓"成式检隋朝种植法七十卷中，初不记说牡丹，则知隋朝花药中所无也"（《西阳杂俎》卷十九），唐以后才成为观赏植物。唐·刘禹锡《赏牡丹》诗"唯有牡丹真国色，花开时节动京城"[24]，李肇《国史补》谓"长安贵游尚牡丹三十余年。每春暮，车马若狂，以不就观为耻"；宋代牡丹热不减唐代，欧阳修《洛阳牡丹记》"洛阳之俗，大抵好花，春时城中无贵贱皆插花，虽负担者亦然"，"大抵洛阳人家家有花"，崇赏牡丹成为宋代一种社会风气。

就有关工艺美术品资料来看，唐代金银器以及五代越窑青瓷已出现牡丹纹样，宋代定窑、磁州窑、耀州窑、吉州窑及景德镇窑瓷器上大量流行，宋代建筑物、墓室壁画与丝织品（缂丝）也常见。红绿彩上的牡丹纹非常丰富，从美国克兰夫特、波士顿和日本木菊 粹巧艺美术馆收藏的实物来看，其牡丹姿态就有正视、侧视、仰视之形[25]。这种生意盎然牡丹纹正是人们赏牡丹风气的反映，而彩绘牡丹纹的红绿彩瓷似乎更受人们的青睐，因为，我们可以从活跃在两宋之交的著名画家李唐的诗[26]中窥见这种情况：

> 云里烟村雨里滩，看之容易作之难。
> 早知不入时人眼，多买胭脂画牡丹。

红绿彩上大红大绿的牡丹不正如画家所言的"胭脂牡丹"吗，而绘有牡丹纹的红绿彩不正入时人眼吗。

［24］《全唐诗》六函二册，刘禹锡十二。上海古籍出版社，1986年影印本，912页。

［25］见注(7)；陈昌蔚编著《中国陶瓷》宋元瓷器，台湾光复书局股份有限公司，1982年；日本木菊 粹巧艺馆《东洋陶磁之美》，平成元年9月20日发行。

［26］清·厉鹗辑《宋诗纪事》卷四十四、李唐题画，上海古籍出版社，1983年，1116页。

2、莲荷纹

莲花纹最早见于南朝青瓷上，其纹饰为花瓣形的适合图样，而富有写实和绘画意味的莲花，荷叶纹则出现于晚唐的越窑青瓷[27]与长沙窑青瓷器上[28]，但纹样均简化率意。红绿彩上的莲荷纹极为别致。例4所绘大朵盛开的莲花纹构图新颖，其尖圆向上盛开的花瓣与下俯的荷叶，突出了荷花清丽的姿态，这种纹样在宋代耀州窑刻花与磁州窑铁绘瓷器上也常见[29]，其构图与宋画《出水芙蓉图》[30]极为相似（图13），可见这类题材是当时流行而又特殊的纹样。宋·罗大经《鹤林玉露》"十里荷花"条载：孙何帅钱塘，柳耆卿作望海潮词赠之云："东南形胜，三吴都会，钱塘自古繁华……有三秋桂子，十里荷花。管弄晴，菱歌泛夜，嬉嬉钓叟莲娃。千骑拥高牙，乘醉听箫鼓，吟赏烟霞。异日图将好景，归去风池夸。"此词流播，金主亮闻歌，欣然有慕于"三秋桂子，十里荷花"，遂起投鞭渡江之志[31]。

荷艳桂香是江南美景的象征，金主完颜亮是否因垂慕江南"三秋桂子，十里荷花"而用兵宋室，我们不能据此而下结论，但我们却能从中看出宋金间世人对荷花赋予的特殊审美寓意，瓷器上流行的荷花纹似与这种寓意有着某种联系。

图 13
宋·出水芙蓉图

[27] 陈万里《越器图录》，上海中华书局发行，1931年，84页。

[28] 周世荣编著《长沙窑瓷绘艺术》，上海人民美术出版社，1994年。

[29] 香港中文大学文物馆《中国古陶瓷展》，1981年，20页。

[30] 王逊《中国美术史》，上海人民美术出版社1989年，408页、241页。

[31] 宋·罗大经《鹤林玉露》卷之一，丙编，中华书局，1983年，241页。

3、鸭、芦雁、鱼纹

宋代定窑刻花有双鹅游水纹[32]，红绿彩上的游水鸭构图与双鹅纹大致相同，水中体态丰腴的鸭与生意盎然的茨菇和浮萍，犹如一幅鸭嬉春水图。这是以往的瓷器上都未见过的纹样，极为特别，使人很自然地将它与宋·苏轼诗"竹外桃花三两枝，春江水暖鸭先知。蒌蒿满地芦芽短，正是河豚欲上时"的意境相联系[33]。

雁纹，唐代金银器已出现飞雁衔绶为主题的纹样[34]，北宋定窑印花盘有这类花纹[35]，红绿彩所绘一展翅衔草雁纹与定窑相像，只是定窑飞雁下饰缠枝卷草纹，而红绿彩飞雁下饰一六出朵花，以后元代青花瓷器上的飞雁纹与红绿彩上的纹样大致相同。

鱼纹，红绿彩上游鱼纹与磁州窑铁绘鱼纹相同，是宋金时代流行的纹样，可能受到宋人词中常出现的"莺啭上林，鱼游春水"诗意的影响。

4、构图与用笔

红绿彩上的牡丹纹、莲荷纹与宋代院画花卉纹构图是相同的，它们大都采取大胆剪裁以突出主体形象的手法，如常见的牡丹纹就是以单独的花朵占据主要空间，辅以少许叶片；莲荷纹也是以单独的花朵占据大部分空间，衬之以荷叶，这与宋画（旧题吴柄作）《出水芙蓉图》的构图几乎如出一辙。尽管红绿彩与国画一样使用毛笔来勾描纹样，看不出有严格规范的所谓"十八描"法，不过运笔中的节奏感和线条的轻重曲直与国画有同工之妙，如红绿彩中常见的鱼藻纹中的带状水草就是以"兰叶描"绘成；莲花瓣就以"柳叶描"绘就；而牡丹花瓣则运用了国画"点垛"法，如例6罐上的

[32]东京国立博物馆《中国陶磁展·目录》，1980年，图6。

[33]详吴熊和、蔡义江等《唐宋诗词探胜》，浙江人民出版社，1981年，318页。

[34]韩伟编著《海内外唐代金银器萃编》，三秦出版社，1989年，线图16。

[35]ミカワ゛美术馆《中国美术名品展》，1989年，版图71。

牡丹花，即以毛笔蘸起颜料，用点划簇聚成形象，没有勾勒，完全是以浓淡相间的色调摹绘而成的纹样，与国画处理画面的手法相同。

综上考察：

1、红绿彩产品器型有碗、高足杯、玉壶春瓶、罐、壶、炉、枕、粉盒、瓷雕人物、佛像与小狗、马、狮等，其中以碗为大宗。

2、纹饰有折枝牡丹、莲荷、水禽、飞雁、鱼藻等，其中以牡丹纹最为常见。有些纹样与同时代定窑、耀州窑和磁州窑瓷器上的花纹相似。

3、红绿彩大都以红料勾描图案，以黄、绿二色作填绘色。个别产品（如瓷雕类）除用以上三色之外，兼用釉下黑彩与贴金装饰。

4、其红、绿、黄三彩均饰于白釉之上，从制品的釉、胎特征看主要为宋、金磁州窑产品。

5、红绿彩纹饰汲取了中国画的某些技法，并充满着那个时代浓厚的文化艺术气息。

第三章　红绿彩的彩饰及工艺特征

　　红绿彩纹饰是用毛笔蘸取色料在已烧成瓷器的釉面上绘就的（乃后入窑烤烧约 800℃而成），与较早使用毛笔描绘纹饰的唐代长沙铜官窑釉下褐彩一样，纹饰具有毛笔的柔润和流畅特点，不过，尽管二者绘画工具相同，手法相似，但红绿彩却有一个鲜明特点，即纹饰凸起于白釉之上，这是铜官窑及其红绿彩出现以前的瓷器上所未见的，其色彩在白釉的衬托下显得格外鲜明。这一鲜明特点与其彩饰的颜料密切相关。那么，考察红绿彩的工艺特征就拟先从颜料入手。

　　最早记载釉上彩颜料情况的文献为明嘉靖·王宗沐《江西大志·陶书》[36]，以后清·佚名《南窑笔记》[37]、唐英《陶冶图说》[38]、朱琰《陶说》[39]、蓝浦《景德镇陶录》等陶瓷专著亦有相关记载[40]，但内容多辗转抄袭《陶书》。清康熙间有一位来华的法国传教士昂特雷科莱（Lepèred'Entrecolles，汉名殷宏绪），在写给法国教会的两封有关景德镇陶瓷生产情况的信中，有釉上彩颜料情况的详细记录[41]。近年上海硅酸盐研究所张福康在《中国古代陶瓷科学技术成就》一书第十六章《中国传统低温釉和釉上彩》中介绍了几种传统釉上彩颜料的化学组成和测试结果[42]。李国祯等著《中国名瓷工艺基础》亦对釉上彩几种颜料做了研究介绍[43]，根据以上文献和资料显示。我国传统釉上彩颜料化学组分、配制工艺，在清康熙以前——外国材料未引进中国之前，几乎一直未变，那么，我们借助以上资料来认识早期红绿彩也就不存在问题了。

[36]明·王宗沐《江西大志·陶书》颜色条，嘉靖三十五年刻本，北京图书馆藏。

[37]清·佚名《南窑笔记》彩色条，江苏古籍出版社影印《美术丛书》本，2044页。

[38]《唐英集·陶冶图编次》圆琢洋彩条，辽沈书社，1991年，958页。

[39]清·朱琰《陶说》卷三·饶州窑造法，桑行之等编《说陶》，上海科技教育出版社彩印本，1993年，16页。

[40]清·蓝浦《景德镇陶录》卷三·陶彩需用色料条，《中国陶瓷名著汇编》，中国书店1991出版，33页。

[41]景德镇陶瓷馆《陶瓷资料》1978年刻字本，殷宏绪《第二封信》。

[42]李家治等《中国古代陶瓷科学技术成就》，上海科学技术出版社，1985年，341-348页。

[43]李国祯等《中国名瓷工艺基础》，1988年上海科学技术出版社，169-171页。

前揭资料得知，红绿彩为红、黄、绿三种颜料，以下就此分别考察。

1、红彩。又称矾红彩，矾红一词最早见于《大明会典》："嘉靖二年，令江西烧造瓷器，内鲜红改为深矾红。"[44]矾红着色元素为氧化铁，主要由青矾（FeSO4、7H2O）加些其他元素配制而成，据《陶书》载："用青矾炼红，每一两用铅粉五两，用广缪合成。"[45]殷宏绪信中说："往一两铅料中添加二钱红料，二者过筛后，以干爆状态进行混合，然后掺以带少量牛胶的水。"[46]二文关于红料与铅的配制比率均为1:5，其记载相符。

据研究，铅粉在800℃左右温度下会溶化，铅料的作用是把作色元素颗粒黏结在釉面上。在体视显微镜下观察，矾红对底釉的润湿性很差，有凝集倾向。在岩相显微镜下看到，氧化铁超细颗粒并没有熔于铅玻璃基体中，而是悬浮于基体之上，所以矾红外观上显不透明状[47]。笔者曾作过实践，将其他颜料涂于矾红之上，经烧烤之后矾红便被"吃"掉——即被涂于它之上的颜料所替代。由于矾红不透明（盖遮力强，色彩鲜明）和易被其他颜料"吃掉"（即被其他颜色遮盖）的特性，所以我们就能明白古代工匠们在绘红绿彩时为什么大都采用红料来勾描纹样了。

2、绿彩。着色元素主要是铜（Cu），殷宏绪信中说：配制绿料"一两铅料中添加三钱三分卵石粉和大约八分至一钱铜花片研磨而成"[48]。

卵石粉是一种硅类物质，低温焙烧后呈玻璃质状。绿彩加入卵石粉，烧成后颜色中有一层透明状玻璃质物质罩在釉面上，这样绿彩大块地填绘或揩抹，在白釉的衬托下不至于显得沉暗呆滞，而有一种清澈明亮之感。

[44]明·李东阳等《大明会典》卷二〇一，江苏广陵古籍刊印社影印刊本。

[45]同注[6]。

[46]同注[11]。

[47]同注[12]，345页。

[48]同注[11]。

由于这一特点，故早期红绿彩中多以此色作地色或填绘花叶之类。

3、黄彩。据研究，康熙以前我国釉上黄彩为以氧化铁作着色的铁黄。殷宏绪信中说："制备黄料，就往一两铅料中调入三钱三分卵石粉末和一分八厘不含铅粉的纯质红料。"[49]据同时代的著作《南窑笔记》记载"纯质红料"即为"矾红"[50]。可见黄料是在矾红基础上产生的，由于该料中渗入了卵石末，颜料也是透明的，特性与绿彩相似，因此红绿彩多以此色填绘花瓣和花叶，或作地色。

以上三种颜料早期彩绘时是如何调料（稀释颜料）的呢？前人没有记述，但我们可根据唐英《陶冶图说》作出推断：

"（颜料）调色之法有三：一用芸香油；一用胶水；一用清水。盖油色便于渲染，胶水所调便于拓抹，而清水之色便于堆填也。"[51]

由于红绿彩不渲染，根据以上文献，可推知当时彩料使用胶水或清水调料（景德镇艺人谓之"水颜色"）。那么，人们以此来观察宋、金釉上彩，就有了一个直观的依据了。

综上所考，红绿彩三色中当最先发明红色，黄色是在矾红的基础上产生的（定窑单独采用红彩装饰的碗，似为釉上彩最早的制品）。红绿彩采用不透明而又醒目的红彩描线，以透明而又相对淡雅的绿、黄二色填彩，即所谓"画红点绿（黄）"的装饰手法。这是彩饰工艺上红绿彩区别于其他彩瓷的一个显著特征。这一工艺看上去尽管略嫌粗率和稚拙，但"小荷才露尖尖角"，它将对中国釉上彩技术的发展产生深远影响。

[49] 同注 [11]。

[50] 同注 [7]。

[51] 同注 [8]。

第四章　关于红绿彩的烧造年代

前述日本东京国立博物馆藏红绿彩牡丹纹碗有墨书"泰和元年"铭（按：泰和为金章宗完颜璟年号，公元1201年），中外学者大多以此为据判断红绿彩烧造于金人统治时期的十三世纪前后的磁州窑。近有学者根据考古资料推判为金代中后期，即金海陵王之后。有的学者依据相关资料，推断矾红彩器或釉上多色彩绘陶瓷的创烧期为十一世纪晚期到十二世纪初[52]。有的学者根据北京故宫博物院藏"元丰四年"款盖钵，论证该器并非民国仿品，可作为红绿彩创烧于北宋的佐证[53]。但是，其具体烧造年代却未见其详。那么，红绿彩的具体烧造年代如何呢，以下围绕这个问题并就相关情况作一探索。

（一）关于烧造的上限与下限

检索考古资料，目前未曾见早于"泰和元年"铭的确凿纪年红绿彩瓷，著名的《钜鹿宋瓷丛录》所收录宋大观二年（公元1108年）以前的瓷器中，未有一件红绿彩瓷[54]，这似乎意示着：在大观二年以前还不曾烧造红绿彩瓷，而大观二年距金收国元年（公元1115年）仅七年，红绿彩的烧造上限当不早于金收国元年左右，由于有"泰和元年"器为据，其下限不晚于该年似乎也是没有疑义的。

那么，红绿彩的创烧年代当在金收国元年至泰和元年（公元1115-1201年）——金人统治磁州窑地区的80余年间。然而，它具体烧造于哪一年代呢？

［52］秦大树、马忠理《论红绿彩瓷器》，《文物》1997年第10期；望野《河南中部迤北发现的早期釉上多色彩绘陶瓷》，《文物》2006年第2期，54-91页。

［53］详叶佩兰《五彩名瓷》，台湾艺术图书公司，1996年，214页；郭学雷《红绿彩瓷创烧年代再认识》，《中国红绿彩瓷器专题学术研讨会论文集》，文物出版社，2011年。

［54］李详春等《钜鹿宋瓷丛录》，《说陶》，上海科技教育出版社影印本，1993年，248-269页。

（二）关于具体烧造年代

磁州窑是中国北方民间著名窑场，在北宋时期已烧造出诸如白釉、黑釉、珍珠地刻花、铁锈花（白地黑花装饰品种之一）、低温三彩铅釉等许多制品。从陶瓷工艺学角度来看，铁锈花和低温三彩与红绿彩关系密切：如铁锈花的彩绘工具和绘画手法与红绿彩相同；低温三彩器在涩胎上作画后再入低温炉焙烧与红绿彩先彩后烧的方法一致（均在800℃左右）；而低温黄、绿铅釉与釉上黄、绿彩料的着色元素和助溶剂基本相同。可见，当时的磁州窑已基本具备了烧造红绿彩瓷的工艺条件，只待釉上彩颜料的配制与运用罢了。那么，当时磁州窑工匠是否有可能配制出釉上彩颜料呢？抑或是从外国引进釉上彩颜料呢？

从前揭资料得知，釉上彩的重要颜料是矾红。现在我们依据这一线索检索有关文献：

1、《宋史·食货志七》载：绿矾出慈，隰州及池州之铜陵县，皆设官典领，有镬户鬻造入官市[55]。

2、《金史·食货四》载：金制，榷货之目有十，曰酒、曲、茶、醋、香、矾、丹、锡、铁，而盐为称首[56]。

3、同书同卷又载：章宗承安四年……五月，以山东人户造卖私茶，侵侔榷货，遂定比煎私矾例，罪徒二年[57]。

文献1记载慈、隰（今山西隰县，磁州窑所在地）一带出产绿矾。文献2记载"矾"是金代官方控制的专卖物资（榷货）。以上史料虽未指明其"矾"就是用于配制矾红颜料的矾，但如果联系文献3，并比照《本草纲目》和《天工开物》中关于矾的记述，似可得出结论：

[55]元·脱脱等《宋史·食货下七》，中华书局标点本，十三册，4533页。

[56]元·脱脱等《宋史·食货下四》，中华书局标点本，十三册，1093页。

[57]同注(4)，1108页。

① 明·李时珍《本草纲目·石部第十一卷》绿矾条

（释名）：皂矾、青矾、煅赤者名绛矾、矾红。

（集解）：[颂曰]绿矾出隰州温泉者，池州铜陵县，并煎矾处生焉。初生皆后也，煎炼乃成[58]。

② 明·宋应星《天工开物·燔石第十二》红矾条

[红矾]煅红十日后，冷定取出。半酥杂碎者另拣出，名曰时矾，为煎矾红用[59]。

文献3中"造卖私茶罪定比煎私矾例"的记载，其隐约透出的"煎私矾"信息，与《本草纲目》和《天工开物》矾红需"煎练而成"的记载吻合。《本草纲目》释名清楚指明了绿矾亦为矾红。《天工开物》亦谓，其他矾（如白矾、黄矾、胆矾）不假煎炼。所以前揭《宋史》、《金史》所载之矾当为矾红，由此推知：金章宗承安四年（公元1199年）以前磁州窑地区已出产矾红了。

我们虽不能找到矾红直接用于彩画瓷器的文字记录，但有红绿彩使用矾红的事实，则向人们透露已消失的磁州窑工匠使用当地出产矾红的历史信息，从而说明矾红不会是从国外引进[60]，而是由我国工匠自行发明的。长谷部对红绿彩及鲜艳釉上红料不知如何产生的谜团，似乎可以解开了[61]。它从另一方面告诉我们，红绿彩在当时可能属稀有的品种，因为其彩画颜料（矾红）民间不得私煎，为官方垄断而不易得。那么，我们今天就能明白红绿彩在当时为什么没有大量烧造——流传至今的遗物较为稀少的原因。

众所周知，公元1115年居住于黑水靺鞨（今我国东北平原）一带的女真族完颜部首领阿骨打建立金国，紧接着灭辽破宋，"靖康之变"（公元

[58]明·李明珍《本草纲目·石部》绿矾条，人民卫生出版社，1982年，677页。

[59]明·宋应星《天工开物·燔石第十二》青矾条，上海古籍出版社，1992年，潘吉星译注本，288页。

[60]按：中东伊斯兰12-13世纪开始用釉上红彩装饰陶器，埃及福斯塔特遗址出土有红黄诸色绘人物纹残片，有学者认为磁州窑红彩可能是从中东引进的。[详（日）三上次男《陶瓷讲座》第10卷，昭和五十年一月十日，雄山阁出版株式会社]笔者以为，随着古丝绸之路东西方文化交流的相互影响，中东伊斯兰陶瓷釉上彩技术很可能对中国北方磁州窑产生过影响，不过其釉上颜料可能不一定来自西方。

[61]（日）长谷部·乐尔《磁州窑》，中国磁州窑艺术瓷厂、邯郸市陶瓷研究所打印本，刘志国译，11页。

1126 年）开始入主中原这片觊觎已久的富饶之地。从这年开始至海陵王正隆五年（公元 1160 年），中原一带（磁州窑所在地区）长期处于宋、金之间的拉锯战中，人民不得安宁。此时的磁州窑受战乱影响，时烧时辍。《金史·本纪·哀宗下》载：

> 金之初兴，天下莫强焉。太祖太宗威制中国，大概欲效辽初故事，立楚、齐委而去之，宋人不竞，遂失故物。熙宗、海陵济以虐政，中原觖望，金事几去。天厌南北之兵，挺生世宗，以仁易暴，休息斯民。是故金祚百有余年，由大定之政有以固结人心，乃克尔也[62]。

以上权威文献显示：世宗以仁易暴，休息斯民，"由大定之政有以固结人心"。史实是世宗大定（公元 1161 年）之后，宋、金划河（淮河）而治，中原一带在金世宗统治下，百姓安居乐业。此时的磁州窑得到长足发展，考古资料也已证实[63]。秦大树曾对有纪年的磁州窑白地黑花枕作了一个很有意义的统计，发现除 1 件书明道元年（公元 1032 年）（秦认为是书"明昌元年"或"乾道元年"）外，其他 8 件均书大定或大定之后年铭，认为磁州窑白地黑花装饰真正成熟于金海陵王之后——即世宗大定之际[64]。笔者也认为，红绿彩不可能烧造于大定以前的战乱之际，而只能是大定之后，是磁州窑得到真正恢复时候的产物。

综上所考，红绿彩当创烧于金大定初年至金章宗承安四年（公元 1161-1199 年）的 38 年之间。不过，笔者以为，其具体的烧造年代当在大定元年之后大定九年以前，因为：

1、1978 年，河南鹤壁集在城区工地发现一瓷窑遗址，据介绍，其第

［62］同注［4］，403 页。

［63］详田自秉、杨伯达《中国工艺美术史》第八章《五代、宋、辽、金的工艺美术》第一节陶瓷工艺，台湾文津出版社，1993 年。

［64］秦大树《磁州窑白地黑花装饰的产生与发展》，《文物》1994 年第 10 期，48-55 页。

二期文化层出土红绿彩花卉纹与底书写"马"字的碗，同时出土有一刻"定九 月一日"铭残轮（经推断其刻铭为：［金大］定九［年］月一日），从而判断该碗亦属金大定九年间（公元 1169 年）的制品[65]。

2、据《金史·百官二》载，大定七年设修内司，下置"甄官署……掌刻石及埏埴之事"[66]·与南宋修内司职掌官窑一样，金大定七年也设修内司所辖甄官署掌"埏埴"（窑事）之事。金代有无官窑姑且不论，既然有掌管窑事的机关，可见其时窑业已全面恢复，且相当兴旺了，否则，官方无须设置这样的官署，那么，红绿彩在大定初年产生也就是自然中的事。

［65］鹤壁市博物馆《河南省鹤壁集瓷窑遗址 1978 年发掘简报》，《中国古代窑址调查发掘报告集》，文物出版社，1984 年，326-338 页，图七 1-3，图十。

［66］同注［4］，1287 页。

第五章　元代景德镇对宋金釉上彩的继承

元代磁州窑继续烧造红绿彩瓷，日本大和文化馆藏红绿彩仙姑图罐（图14）[67]，其器物底部横向凸台、丰肩收腹的特点，为元代典型特征。该器彩画粗犷，制品与金代的相比显得粗糙。入明以后随着磁州窑的衰落，红绿彩也就逐渐销声匿迹了。

景德镇入元以后窑业非常发达，朝廷开始在此设置官窑（浮梁瓷局），其时枢府瓷（卵白釉瓷）风行，青花瓷崭露头角，釉里红为一代名品。

在繁盛的元代瓷苑中，釉上彩瓷也占据着一席之地，只是默默无闻而已。1982年中国硅酸盐学会编《中国陶瓷史》对此只字未提[68]。然而，随着近年一些传世资料的披露和出土资料的发现，人们开始关注釉上彩瓷，但

图14
磁州窑红绿彩仙姑图罐
日本大和文化馆藏

[67] 小学馆编《世界陶磁全集·13·辽金元》，1981年，东京，图版99。

[68] 详中国硅酸盐学会编《中国陶瓷史》第八章、第二节，文物出版社，1982年，338–356页。

未能揭示出清晰面目，笔者也只能根据不多的资料作一考察。就目前所见，元代景德镇釉上彩有：

（一）红绿彩

实物资料有以下几例：

1、红绿彩菊纹杯，香港东方陶瓷学会藏（图 15）[69]。该器内壁印缠枝菊纹，外壁以矾红勾描菊枝和螺弦形花朵，以黄、绿二彩拓抹菊叶。该器造型和纹样与湖田窑出土的一件青花菊纹杯相似[70]。当属元代红绿彩器。

2、笔者1993年在香港中文大学文物馆库房见到一件红绿彩菊纹高足杯（图 16），该器内壁矾红书"长命富贵"铭，外壁以矾红勾描菊枝、螺弦形花朵，以绿彩直接拓抹菊叶。据该馆馆长林业强介绍，此器出土于菲律宾。李铧在1995年《文物》第4期介绍的桂林出土红绿彩高足杯[71]，以及耿宝昌《明清瓷器鉴定》刊出的北京、浙江出土的红绿彩碗、高足杯残片等与此器风格大致相同[72]。据说我国学者冯先铭曾收藏过一件内壁书矾红"太白酒中仙"铭的红绿彩花卉纹高足杯。

图 15
元红绿彩缠枝花卉纹碗
香港东方陶瓷学会藏

图 16
元红绿彩菊纹高足杯
香港中文大学文物馆

[69] 香港艺术馆《东南亚瓷与中国出口瓷》1979年，图版138。

[70]《景德镇出土陶瓷》，香港大学冯平山博物馆，1992年，图版162。

[71] 李铧《也谈岱吉屯墓出土"至正年制"碗的年代》，《文物》1995年第4期，475页，图版2。

[72] 耿宝昌《明清瓷器鉴定》，紫禁城出版社、两木出版社，1993年，475页，图版2。

图 17-1
元青花莲荷纹

图 17-2
元红绿彩菊纹残片
景德镇市陶瓷考古研究所藏

　　景德镇窑址中亦有出土，1981 年在落马桥元代后期灰坑出土两块红绿彩瓷片：一为矾红绘莲纹碗残片，其莲纹花头的绘法有元青花意味；一为红绿彩菊纹碗残片，其采用矾红描线、绿彩绘叶之手法与磁州窑"画红点绿"的风格一致（图 17-1、17-2）[73]。2012 年落马桥出土的红绿彩莲荷纹高足杯，其画意与元青花极为相似（图 18-1、18-2）。1994 年景德镇中渡口（今珠山区政府大院）基建工地元代地层出土一块菊纹高足杯残片，该器外壁以矾红勾描菊枝、花瓣，以绿彩绘叶，内壁口沿矾红绘卷草纹。其外壁的菊纹构图形式、彩饰手法与前述香港中文大学文物馆藏菊纹

[73] 香港大学冯平山博物馆
《景德镇出土陶瓷》1992 年，
图版 177、178。

图 18-1
元红绿彩莲荷纹高足杯
景德镇市陶瓷考古研究所藏

图 18-2
元红绿彩莲荷纹高足杯
景德镇市陶瓷考古研究所藏

高足杯一致，内壁卷草纹则与元青花卷草纹相同。可能是由于红绿彩是在经检选的正品瓷器上彩饰的，低温烤烧时废品率极少，故窑址中难得一见，上述遗物是元代窑址中的稀见之物。

以上是笔者所见元代景德镇红绿彩遗物情况。近闻菲律宾陶瓷专家庄良有介绍，该地区有大量红绿彩出土。据说近年内蒙古集宁、赤峰、及北京、南京等地亦有景德镇元红绿彩出土，上海博物馆藏有元代饰金彩的红绿彩玉壶春等遗物。

综上：①元代景德镇开始烧造红绿彩瓷，其规模似乎不大。②红绿彩的彩饰手法与金磁州窑相似，即均以矾勾描图线，黄、绿二色涂绘花叶，继承了磁州窑"画红点绿（黄）"的技法。③红绿彩纹样的构图和绘画手法与元青花相似。

（二）金彩

1988 年景德镇珠山明清官窑遗址北侧铺设煤气管道，在一条深约 1.5 米沟道中的明初地层下发现一批元代官窑瓷器，其中有孔雀绿釉地金彩、宝石蓝釉地金彩盖盒[74]。两件器物造型相同，底径 32.5 厘米，通高 11.5 厘米。其中孔雀绿釉盖盒底内心凸起一柱体，上为涩胎圆面，柱体与器壁之间形成一圈宽且深的沟道，内施白釉。外壁微敛，盖为窝盘式，与盒底作子母口套盒。器外施孔雀绿釉，釉上饰金彩双角五爪龙纹（图 19）。据考证该器为砚盒，是元文宗时代官窑制品[75]。

除以上窑址中出土的金彩器之外，见诸报道的还有江西高安元代窖藏

[74]详《景德镇发现一批元官窑瓷器》，《光明日报》1996 年 9 月 14 日第一版。

[75]刘新园《景德镇早期墓葬中发现的瓷器与珠山出土的元、明官窑遗址》，《皇帝的瓷器》，大阪市立东洋陶磁美术馆，1995 年，164-168 页。

图 19
元孔雀绿釉地金彩盒
景德镇市陶瓷考古研究所藏

图 20
宝石蓝釉金彩折枝梅纹杯
河北保定元代窖藏出土

出土的卵白釉金彩缠身龙纹玉壶春瓶[76]。该器高 25.8 厘米，口径 7 厘米，龙纹为金箔贴出，同时出土的还有一荷叶口贴金小盏。河北保定元代窖藏出土宝石蓝釉金彩折枝梅纹杯（图 20）[77]，高 4 厘米，口径 8.1 厘米，底径 3 厘米。宝石蓝金彩宝相花纹匜，高 4.8 厘米，口径 13.9 厘米。这些出土的金彩器印证了《元典章》[78]、《通制条格》等文献[79]的记载，可知上述金彩器当属元代帝王才能享用的官窑瓷器。

以上金彩器，高安和景德镇出土物上的金彩是直接用金箔贴出，故剥落严重。保定出土物上的金彩是用箔金加铅粉研成粉末，再调大蒜汁描绘在瓷器上，经焙烧之后用玛瑙打磨而成。前一种金彩方法在永乐、宣德、成化官窑中继续使用，后一种方法流传至今。

单一金彩最早见于宋代定窑，据宋·周密《志雅堂杂抄》、《癸辛杂识》两书记载："金花定碗用大蒜汁调金描画，然后入窑烧之，永不复脱。"[80]

[76]刘裕黑、熊琳《江西高安县发现元青花釉里红瓷器窖藏》，《文物》1982 年第 4 期，58-69 页。

[77]河北省博物馆《保定市发现一批元代瓷器》，《文物》1965 年第 2 期，17-22 页。

[78]沈刻《元典章》"工部一，造作一、杂造"记至元二十三年三月诏第二条谓："开张铺席人等不得买卖有金锻定、销金绫罗、金纱绢等物及诸人不得拍金销金、裁捻金线。"中华书局影印本，18 册，14 页。

[79]《通志条格》卷八"仪制、器物饰金"条："至元八年(1271 年)十一月，尚书省钦奉圣旨节该：今后诸人但系磁器上不得用描金生活，教省里启遍行榜文禁断者。"浙江古籍出版社，1986 年排印本，132 页。

[80]明·陶宗仪等编《说郛》，上海古籍出版社，1986 年，4 册，1008、1299 页。

文中虽没有金粉中加铅粉的记录，但关于大蒜汁调金的记载却是真实可信的，因为景德镇陶工至今还在使用蒜汁调金描彩，可见元代景德镇金彩技术是直接受定窑影响的。

现在有必要就以下问题作一探讨：

1、红绿彩在元代景德镇的产生。

人们讨论元青花在景德镇产生的背景时，不少学者认为元青花吸取了磁州黑彩或吉州黑彩的技法，与磁州窑工匠南迁景德镇有关[81]。冯先铭划出一条南迁线路：磁州窑工匠先到吉州窑，再从吉州窑迁来景德镇[82]。从近年湖田出土的磁州窑系黑花瓷片来看，磁州窑工匠南迁景德镇的推断是可信的。既然磁州窑工匠南迁对元青花产生影响，那么与此同时带来红绿彩技术，并对景德镇窑产生影响也是自然的，如果我们把金磁州窑红绿彩与元代景德镇窑红绿彩作一比较便让人一目了然。釉上颜料：磁州窑为巩红、绿、黄三色；景德镇窑亦为巩红、绿、黄三色；彩饰手法：磁州、景德镇均采用矾红勾描图案，绿、黄二色填抹花叶之类——即"画红点绿（黄）"的技法。这种"画红"特征和手法在景德镇影响深远，"画红"一词竟成了景德镇称从事釉上彩工种的专有名词，民国时期人们仍将从事釉上彩绘与经营的作坊称为"红店"，烤烧釉上彩瓷的炉称之为"红炉"。显而易见，元代景德镇红绿彩是继承磁州窑红绿彩技术而产生的。

2、关于红绿彩在景德镇的烧造年代

由于缺乏文献与翔实的地层学方面资料，关于景德镇红绿彩烧造年代我们只能根据相关资料作一推测：①红绿彩的纹样与同时代的元青花纹样

［81］刘新园《元代官窑小考（一）》之三，《景德镇陶瓷学院学报》，1981年第二卷第一期，71-75页。

［82］冯先铭《有关青花瓷器起源的几个问题》，《文物》1980年第4期。

一致。如上述矾红莲纹碗残片上的莲花花头的点染法和元青花的莲花纹如出一辙；缠枝菊纹、螺弦形菊朵和卷草纹与元青花的缠枝菊纹、螺弦形菊朵和卷草纹雷同；而缠枝菊纹在构图形式、彩画手法上与元青花基本相同。在目前所见的红绿彩几种简单纹样中都能在元青花中找到"祖本"。②上述 1994 年中渡口元代地层出土的红绿彩菊纹高足杯残片，同一地层还出土有与之相同花纹的元青花高足杯瓷片，说明它们烧造于同一时代而且是同时被废弃的。根据以上情况观察，红绿彩当和元青花烧造于同一时期——不会早于元青花。学术界一般认为元青花烧造于元代中后期，那么红绿彩的烧造之年也当在 14 世纪中后期左右。

　　不过，人们不禁会提出疑问：金代磁州窑红绿彩技术为什么只到元代才对景德镇产生影响呢？难道当时的景德镇与世隔绝，与其他窑场竟然"老死不相往来"吗？情况是否定的，如在元以前宋代的定窑覆烧技术和刻印花技法、耀州窑刻花技法、越窑刻花装饰、建阳窑黑釉瓷等均对景德镇窑产生了影响[83]。红绿彩在元代才出现于景德镇，其中主要原因恐怕与元代景德镇瓷器的胎釉有关。元以前景德镇瓷器为单一瓷石烧制而成的软质瓷，理化性能差，影青釉经 800℃烤烧后釉面易开裂泛黄，不适合釉上彩。元代采用了高岭土加入瓷石的制胎方法（所谓二元配方），使瓷器的烧成温度提高，瓷釉中的氧化钙量减少和钾、钠成分的增加，使瓷釉烧成温度和白度均有提高[84]。元代这种优质白瓷的产生为红绿彩瓷的发展提供了广阔的空间。这也许是磁州窑红绿彩技术在景德镇日后生根开花的根本原因吧。

[83] 江建新《景德镇宋代窑业遗存的考察与相关问题的探讨》，《景德镇出土陶瓷》，香港大学冯平山博物馆，1992 年，72-98 页。

[84] 李国桢、郭演仪《中国名瓷工艺基础》，上海科学技术出版社，1988 年版，111 页。另详刘新园等《高岭土史考》，《中国陶瓷》1982 年第 7 期。

第六章　明洪武时代釉上彩

成书于洪武二十一年曹昭《格古要论·古饶器》条谓：

> 元朝烧小足印花者，内有枢府字者高，新烧大足素者欠润，有青
> 色及五色花者且俗甚。[85]

这里所谓"五色花者"目前有几种解释：有的认为是指红绿彩瓷；有的认为是指由釉上红、绿、黄、紫、褐、蓝诸色组合而成的彩瓷[86]。而关于具体的五色则又意见不一。不过，人们对"五色花者"指的就是釉上彩，看法却是一致的。既然有文献记载，也就必能有遗物传世了。

关于洪武时代的釉上彩瓷，传世与出土的遗物较为稀少，目前公认的有以下几例：

1、红绿彩牡丹狮子纹玉壶春瓶，日本东京国立博物馆藏（图21）[87]。该器颈肩部以矾红描三道，由上至下绘蕉叶纹、钱纹、如意纹各一周，花纹边缘用绿彩填饰。腹部绘狮子绣球纹，隙地间饰杂宝，底部分别绘莲瓣、卷叶纹。其纹样以矾红勾描、绿彩填绘，与元代彩饰手法一致。该器器型颈短硕腹为明初典型特征，与1994年珠山明御厂出土洪武玉壶春瓶残片相似；而颈部绘双筋蕉叶纹为洪武青花特有画法。其制品较为精细，当为洪武时代成熟的红绿彩瓷。

2、日·藤冈了一《明代赤绘》一书刊明初红绿彩缠枝宝相花纹玉壶春瓶[88]，其造型和彩绘风格与上述牡丹狮子瓶相似，腹部所绘正、侧宝相花朵纹样与1994年珠山明御厂故址出土洪武釉里红缠枝宝相花纹大碗纹

［85］明·曹昭《格古要论》卷之七"古饶器"，《景印文渊阁四库全书》学部一七七·杂家类，总第八十一册，200页。

［86］耿宝昌《再谈元代"五色花饯金"瓷》，《中国文物报》1994年8月28日。

［87］（日）小学馆编《世陶陶磁全集·14集》，图154。

［88］（日）藤冈了一《明四赤绘》，《陶瓷大系》第43卷，图50。

样极为相似。藤冈了一谨慎定为明初器，笔者以为可确定为洪武时代的产品。又，同书刊红绿彩一束莲玉壶春瓶，与上述宝相花瓶彩饰风格一致，亦当为同时代的制品。

3、景德镇陶瓷馆藏有一块从明初窑址遗存中采集的红绿彩菊纹碗残片[89]。其花纹以矾红勾描花枝、花瓣，以绿彩拓抹出葫芦形叶片，彩饰手法完全继承元代风格。而其网状花心和扁圆形斜弧旋转状花瓣，与常见的洪武青花、釉里红菊纹相同，因此，该器属洪武时代的制品。2003年景德镇明御窑厂遗址北麓考古发掘，在明初地层出土一块洪武红绿彩云龙纹盘残片，该器以矾红绘五爪龙纹，以黄、绿彩饰云纹，其龙纹与南京明故宫出土矾红彩龙纹盘纹饰相同。2012年在景德镇市区北部的木材厂一带基建工地，出土一批元代至明早中期的窑业堆积遗物，其中有一件红绿彩小碗残器，器内心绘红绿彩折枝菊纹，内壁残留部位有矾红书"命"字，外壁绘缠枝菊纹，根据器物圈足制作工艺看，有明初特征，从画风看有元末明初风格（图22）。

4、1995年笔者在南京一古陶瓷爱好者邢某处，见到一件红绿彩舞蹈人物纹高足杯残器，纹饰以矾红勾描人物头部五官、发髻，以绿彩填绘袄裙。据邢某介绍该器出土于南京一建筑工地，同一地层还出土有青花舞蹈人物纹高足杯，二器造型、胎釉和彩绘的人物风格相同，为同一时代的制品。上述二器与1990年8月珠山明御厂东南麓洪武地层出土的一组青花舞蹈人物高足杯一致[90]，由此

图21
明洪武红绿彩玉壶春瓶
日本东京国立博物馆藏

图22
明洪武红绿彩碗残片
景德镇市郊北木材厂基建工地出土

［89］曹淦源《"至正年制"款彩瓷碗与嘉靖红绿彩瓷》，《文物》1994年第8期，图三。

［90］香港大学冯平山博物馆《景德镇出土陶瓷》1992年，图版279-288。

得知南京出土红绿彩舞蹈人物纹高足杯为洪武时代的产品。

5、1964年南京明故宫出土一件洪武白釉矾红彩云龙纹盘残器，据报道："盘壁表里各画五爪红龙两条及云彩两朵。灯光透映，两面花纹叠合为一。（图23）[91]"该器上的龙纹、"品"字折带云与1988年明御厂故址出土洪武红釉侈口碗上的云龙纹相同。由于该器龙纹为双角五爪，同时又出土于明故宫，所以该盘当为洪武官窑烧造的专供帝王使用的瓷器。

以上述例1、2、3、4来看，其彩饰手法均与元代相同，是元代红绿彩技术的延续，其玉壶春瓶则比元代红绿彩瓷彩画更为精细，说明洪武时代红绿彩的彩饰技术已相当娴熟了。例5釉上矾红彩，其技术直接源于宋定窑釉上红彩。在白瓷上单一用红彩装饰，为景德镇元至明初罕见的制品，而首先出现于官窑，其意义就尤为重大了。因为釉上彩技术引进洪武官窑，促进了我国釉上彩技术的发展，使永乐官窑得以将此类技术进一步完善和发挥，使宣德官窑得以在此基础上创制出崭新的品种——斗彩，把中国釉上彩技术推向一个新阶段。

前引《格古要论》我们知道，明初人有对釉上彩（五色花者）认为"俗甚"的观念，然而，釉上矾红彩却为什么还被引进了官窑呢？这岂不是与曹昭所谓"俗甚"的观念相抵牾吗？不过，只要清楚了以下史实的话，这

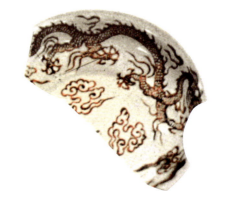

图23
洪武矾红彩云龙纹盘残器
南京明故宫出土

[91] 南京市博物馆《南京明故宫出土洪武时期瓷器》，《文物》1976年第8期，74、75页。

一疑问便会迎刃而解。

众所周知，朱元璋依靠头裹红巾手擎鲜红大旗的子弟兵（红军）[92]推翻了元蒙政权，国初，规定军中将士所穿战袄战裙和战旗皆用红色，头戴阔檐红皮壮帽。《明史·舆服志》洪武三年礼部奏请确定公服朝服谓：

> 历代异尚，夏黑、商白、周赤、秦黑、汉赤、唐服饰黄、旗帜赤，今国家承元之后，取法周汉唐宋服色所尚于赤为宜，从之。[93]

"尚于赤"是明初社会的时尚，鲜艳的红彩引进官窑，并直接装饰宫廷用瓷，似与当时"国俗尚红"的时尚密切相关。同时官窑直接选用矾红彩，则可能是由于当时工艺方面的原因。

众所周知，洪武时代烧造了大量釉里红瓷器（据统计其数量超过青花瓷），从传世品与出土资料来看，釉里红颜色普遍偏灰，几乎难以见到纯正的红色，这是由于釉里红烧成技术难度较大造成的。我们知道，釉里红的着色元素铜正常显色不仅与铜的含量和基础釉的成分有关，而且对窑室温度和气氛（还原过程中的窑室一氧化碳含量等）变化也十分敏感，稍有变化，就会导致色调不正。洪武官窑选用呈色稳定，烧成较为容易的釉上矾红作为贡瓷，可能就是出于这种考虑。而这类鲜艳纯正的矾红也许更符合朱元璋这位"红军大帅"的审美要求。

[92]吴晗《朱元璋传》，人民出版社，1995年，22页。

[93]清·张廷玉等撰《明史·舆服志三》卷六十七，中华书局排印本，1634页。

第七章　明永乐官窑对釉上彩技术的发展

　　永乐官窑釉上彩瓷，过去人们未见有实物传世。二十世纪八十至九十年代，景德镇市陶瓷考古研究所在珠山明御厂故址一带进行十余次清理发掘，获得大量明官窑遗物，其中发现不少鲜为人知的永乐官窑釉上彩遗物，兹举例简介如下：

　　1、矾红云凤纹直壁碗（图24）[94]。1984年出土于珠山中华路永乐后期地层，口径13.2厘米，足径7.5厘米，高7.3厘米。外壁以单一矾红绘一展翅云凤纹，底部矾红绘变形莲瓣一周。与该碗一道出土的，还有矾红绘云龙纹直口碗。此类矾红碗当是继洪武矾红盘之后续作品，风格也一如洪武器，是永乐官窑专为帝王或皇妃们烧造的瓷器，宣德官窑继续烧造，为以后历代官窑特有品种。

　　2、绿彩灵芝竹叶纹器托（图25）[95]。该器1994年出土于珠山御厂故址龙缸弄一带明初地层，口径25厘米，足径16.5厘米，高8.5厘米。折沿上绘摘枝小朵花一周，外壁绘灵芝竹叶纹，底部绘变形莲瓣一周。灵

图24
明永乐矾红云凤纹直壁碗
景德镇市陶瓷考古研究所藏

图25
明永乐绿彩灵芝竹叶纹器托
景德镇市陶瓷考古研究所藏

[94] 台湾鸿禧美术馆《景德镇出土明初官窑瓷器》1996年，图版128。

[95] 同注(1)，图版70。

图 26
明永乐绿地酱彩龙纹小碗
景德镇市陶瓷考古研究所藏

芝竹叶纹为元代刺绣纹样，洪武青花大盘绘有此类纹样。该器纹样当取自于洪武青花。该纹样采用单一绿彩拓抹，其颜色浅淡，有一层玻璃质状，透明感强，这是颜料中渗入卵石粉（氧化硅）的缘故。渗入卵石粉的颜料彩画时颜料呈流质状，易流淌，不易描出细线（矾红不加卵石粉，故颜料细腻如墨，易画出极细线条），所以该器上的纹饰线条粗疏，无深浅对比，构图缺乏层次而略显紊乱。该类绿彩可能是永乐官窑工匠运用釉上彩技术的试验之作，不见有传世品，以后的官窑制品中亦未见有单一绿彩装饰的瓷器。同时出土的还有一绿彩渣斗，可知该器为渣斗之托。

3、1999 年夏，在珠山明御厂故址西侧东司岭一带永乐地层出土一些绘黄彩龙纹的靶盏残片。

4、绿地酱彩龙纹小碗（图 26）[96]。1984 年出土于珠山明清御窑厂遗址中华路永乐后期地层。口径 10.2 厘米，足径 4.3 厘米，高 5.4 厘米，外壁绘酱彩赶珠山龙纹两条及变形莲瓣一周，高温烧成后在外壁露白处填以绿彩料经低温（约 700℃ –800℃）烤烧而成。这种集高、低温彩饰于一

[96] 同注 [1]，图版 127。

器的装饰方法，首见于金代磁州窑红绿彩枕与人物瓷雕，磁州窑以高温黑彩绘人物眉眼、发髻及器物边框之类，永乐则是用高温酱彩直接绘出纹饰，再在纹饰的隙地填色，其彩饰方法比磁州窑已大有改变，开启了宣德青花填黄、青花填红（矾红）装饰的先河。

5、锥花红地绿龙纹盘（图 27）[97]。1984 年出土于明御厂故址永乐后期地层，口径 14.8 厘米，足径 8.8 厘米，高 3.9 厘米，外壁锥刻云龙纹，经高温烧成后，在锥刻的纹饰线内填绿彩，隙地则填矾红，再经低温烤烧而成。在锥刻纹上填色是永乐官窑的首创，它对宣德斗彩采用锥线上填釉上诸色以及后来采用青花描线的廓填方法有重要启示。

6、金彩花卉敛口钵（图 28-1）[98]。1994 年出土于明御厂故址东门头，口径 24.5 厘米，高 13.8 厘米，腹径 25.8 厘米，外壁饰金彩缠枝宝相花纹。

7、金彩花口折沿盘（图 28-2）[99]。与上述金彩钵出土于同一地层，口径 36 厘米，足径 20 厘米，高 6 厘米，内折沿饰金彩缠枝莲纹一周，内壁饰折花卉一周，盘心饰六出开光缠枝莲纹。外壁饰金彩折枝花卉纹。与该器同时出土还有大小各异的金彩碗。上述金彩器图案不是描画成的，而是用黄金箔贴出，金彩脱落处留有粘金彩的花纹痕迹，其金彩作法似来源元代贴金技术，其具体的制作方法和粘贴物尚待研究。

从上例可知：永乐官窑不仅继承了洪武官窑釉上彩技术，而且还进行了大胆尝试和创新。从工艺角度看，永乐高温酱彩填低温绿彩的技法给青花填黄、填红以重要启示；而釉上锥刻花纹，釉上廓填颜料的技法，似为"斗

[97] 同注 [1]，图版 129。

[98] 同注 [1]，图版 72。

[99] 同注 [1]，图版 54。

图 27
明永乐锥花红地绿龙纹盘
景德镇市陶瓷考古研究所藏

图 28-1
明永乐金彩花卉敞口钵
景德镇市陶瓷考古研究所藏

图 28-2
明永乐金彩花口折沿盘
景德镇市陶瓷考古研究所藏

彩"的雏形，毫无疑问，宣德斗彩正是在此基础上发展而来的。

　　以上是官窑情况，这时期的民窑似乎还是延续着元红绿彩一路。1981年景德镇落马桥永乐后期窑址堆积层中出土一块绿彩靶杯残片[100]，该器以矾红描画花枝、绿彩拓抹花叶的画风与元代红绿彩高足杯一致，但在构图上前者较为呆板，纹样间水路〔按：景德镇艺人称青花纹饰以外的空间为水路（空白处），这里借用此语〕琐碎而缺乏变化。这也是明初青花纹饰构图的时代特征之一，该器显然可视之为明初民窑红绿彩标准器。由该器笔者联想到近年学界争议颇为激烈的所谓"至正年制"款红绿彩碗，张英坚信该碗为元代红绿彩瓷，许多学者提出异议，大都认为是明代中期之作[101]。若从工艺学与类型学角度看，该碗不仅与元代红绿彩瓷大相径庭，而且与明初红绿彩器也截然迥异，笔者以为张英的判断是错误的。

[100]香港大学冯平山博物馆《景德镇出土陶瓷》，1992年，图版289。

[101]详张英《从"至正年制"彩瓷碗的发现谈"大明制造（制）"款瓷器的年代》，《文物》1994年第2期；曹淦源《"至正年制"款彩瓷碗与嘉靖红绿彩瓷》，《文物》1994年第8期；李铧《也谈岱吉屯墓出土"至正年制"碗的年代》，《文物》1995年第4期；欧阳世彬《从景德镇官窑的书款制度看岱吉屯"至正年制"款彩瓷碗的年代及其他》，《文物》1997年第5期。

第八章 明宣德官窑釉上彩及其创新

从传存与出土的遗物来看，宣德官窑釉上彩瓷烧造量比前代增多，品种也大为丰富，根据遗物彩饰工艺特征似可分为以下四类。

（一）单一釉上彩

1.矾红彩

矾红三鱼靶盏（图29）[102]。1984年出土于明御厂故址宣德地层，口径10厘米，足径4.6厘米，高9.2厘米，外壁矾红绘三鱼，器心矾红书大明宣德年制六字双圈款。以矾红书写年款首见于宣德，成化一度消失，嘉靖以后才开始流行。台北故宫博物院藏有一件与此器相同的矾红高足杯[103]。

矾红龙纹靶盏（图30）[104]。1993年出土于珠山明御厂东门一带，口径15.5厘米，足径4.5厘米，高10.6厘米，外壁绘矾红赶珠龙两条，靶下饰矾红卷草一周，盏心书矾红大明宣德年制六字双圈款。该器矾红描画龙纹细腻，浓红绘出纹样线条，尔后用淡红敷涂，这是以往矾红彩所罕见的，其矾红比前代矾红色彩鲜艳。笔者曾用30倍放大镜观察宣德砚红和永乐矾红附着在釉面上的情况，发现前者比后者颗粒匀而细腻。据笔者访问景德

图29
明宣德矾红三鱼靶盏
景德镇市陶瓷考古研究所藏

图30
明宣德矾红龙纹靶盏
景德镇市陶瓷考古研究所藏

[102]台湾鸿禧美术馆《景德镇出土明宣德官窑瓷器》，1998年，图48-1。

[103]廖宝秀编《明代宣德官窑菁萃特展图录》，台湾故宫博物院，1998年，图版82。

[104]同注[1]，图版48-2。

图 31
明宣德黄彩花卉纹盘残片
景德镇市陶瓷考古研究所藏

图 32
明宣德青花海水矾红海怪纹靶盏
上海博物馆藏

镇艺人告知，矾红料在研磨中颗粒愈细则发色愈鲜艳，可见宣德官窑对釉上颜料制作是非常精细的。

2. 黄彩

实物有黄彩花卉纹盘残片（图 31）[105]。该器 1993 年出土于珠山明御厂故址宣德地层，残片 9.2 厘米，内外口沿饰黄彩一圈，内外壁均涂黄彩缠枝花卉。这种单一彩首见于永乐，为宣德官窑继承，成化官窑烧造的黄彩龙纹小杯（口径 6.1 厘米）彩画已极为精细了[106]，明嘉、万以后已较流行。

（二）青花填（绘）红、青花填黄彩

1. 青花海水矾红海怪纹靶盏，上海博物馆藏（图 32）[107]。该器外壁青花绘海水，留白纹处以矾红绘出海怪。美国克利夫兰艺术馆藏青花矾红靶盏，与该器纹饰相同（颜色相反，青花绘海怪，矾红绘海水）[108]，台北故宫博物院藏青花矾红海怪纹与该器一致[109]。

[105]同注［1］，图版 F11。

[106]香港徐氏艺术馆《成窑遗珍》，1993 年，图版 C84。

[107]上海博物馆《上海博物馆藏瓷选集》，图 76。

[108]莱昂·戈德施米特《明代陶瓷》，97 页，图版 63。

[109]同注［2］，图版 84。

2. 青花矾红花卉纹高足杯，台北故宫博物院藏[110]。口径 9.8 厘米，足径 4.5 厘米，高 8.9 厘米。内壁口沿青花菱格内绘矾红十字纹，三角纹内点饰矾红。内壁矾红绘缠枝卷草纹一周。外壁口沿以青花双线编纽内饰红点，腹绘青花卷草纹加饰红花，底边上画仰莲瓣一周，并加红彩。1984 年珠山明御厂故址出土一件与该器相同的半成品[111]。

3. 青花矾红云龙纹盖碗，台北故宫博物院藏（图 33）[112]。口径 17.4 厘米，足径 9.7 厘米，高 7.3 厘米，外壁及盖面以矾红绘龙纹。龙纹先以划线，青花点睛。

4. 青花填红花口钵（图 34）[113]。1988 年出土于明御厂故址宣德地层，口径 43.3 厘米，足径 23.4 厘米，高 22.7 厘米。外壁以青花涂地，留白处填矾红。腹部分格出八处填绘折枝牡丹、茶花、石榴等花卉。

5. 青花填红八边形花钵[114]。（图 35）与上器同时出土，口径 40 厘米，足径 26.3 厘米，高 20.3 厘米。外壁八面以青花为地，留白处以矾红绘宝相花纹。

[110] 同注 (2)，图版 83。

[111] 香港艺术馆《景德镇珠山出土永乐宣德官窑瓷器展览》1989 年，图版 50。

[112] 同注 (2)，图版 55。

[113] 同注 (1)，图版 34-1。

[114] 同注 (1)，图版 34-2。

6. 青花牡丹纹填黄盘（图36）[115]。1984 年出土于明御厂故址宣德地层，口径 38.8 厘米，足径 28.1 厘米，高 5.5 厘米。内外壁绘瑞果花卉纹，隙地满填黄彩。

7. 青花萱草纹填黄盘（图37）[116]。1983 年出土于明御厂故址，口径 35.4 厘米，足径 24.8 厘米，高 6.2 厘米，盘心青花绘萱草一束，内壁绘卷草，隙地满填黄彩，外壁青花绘摘枝花，隙地填黄彩。

8. 青花葡萄纹填黄盘（图38）[117]。1993 年出土于明御厂故址，口径 48.4 厘米，足径 35 厘米，高 7.5 厘米。盘心青花绘折枝葡萄，内壁饰折枝花卉，外壁青花绘六朵折枝灵芝，内外壁隙地上均填黄彩。

上述青花填（绘）红、填黄器，其制作工艺过程：先在坯胎上用青花描绘纹饰（或预留空白）挂白釉后经高温烧成，再在成品瓷釉上空白处填（绘）矾红或黄彩料，然后入炉 700℃ –800℃烤烧而成。青花留白处绘矾红（如青花填红花口钵）显然是吸取磁州窑红绿彩在高温黑彩框内（如磁州窑瓷枕与罐）绘彩的技法；而青花填黄显然是由永乐高温酱彩填绿技法直接演变而来。

图 36
明宣德青花填黄牡丹纹盘
景德镇市考古研究所藏

图 37
明宣德青花萱草纹填黄盘
景德镇市陶瓷考古研究所藏

图 38
明宣德青花葡萄纹填黄盘
景德镇市陶瓷考古研究所藏

[115] 同注 [1]，图版 85-3。

[116] 同注 [1]，图版 82-2。

[117] 同注 [1]，图版 78-2。

（三）金彩

传世品有台湾故宫藏红釉金彩双龙赶珠纹碗（口径 19.2 厘米，足径 8.1 厘米，高 8 厘米）和祭红金彩双龙赶珠纹靶盏（口径 15.3 厘米，足径 4.4 厘米，高 10.4 厘米）[118]。1994 年明御厂故址宣德地层出土一块青花贴金小碗残片，其小片金箔是贴在青花网格状纹饰内。以上金彩均剥脱较严重，在剥脱的釉面上留有贴金痕迹，说明其金饰工艺沿用永乐贴金技法。

（四）斗彩

有关宣德斗彩的文献记录

1. 明·高濂《遵生八笺》燕闲清赏笺上·论饶器新窑古窑条谓：

> 宣德年造……如漏空花纹，填以五色，华若云锦。有以五彩实填花纹，绚艳恍目。……宣德五彩，深厚堆垛，故不甚佳。而成窑五彩，用色浅淡，颇有画意。[119]

2. 明·王士性《广志绎》卷之四谓：

> 本朝以宣、成二窑为佳，宣窑以青花胜，成窑以五彩。宣窑之青，真苏渤泥青也，成窑时皆用尽，故成不及宣。宣窑五彩、堆填深厚，而成窑用色浅淡，颇有画意，故宣不及成。然二窑皆当时殿中院人遣画也。[120]

3. 明·沈德符《敝帚斋剩语》谓：

> 本朝窑器，用白地青花，间装五色，为古今之冠，如窑品最贵，近日又重成窑，出宣窑之上。[121]

---

[118] 同注 (2)，图版 130、101。

[119] 明·高濂《遵生八笺》，巴蜀书社，1992 年，536 页。

[120] 明·王士性《广志绎》，中华书局，1981 年，83-84 页。

[121] 明·沈德符《敝帚斋剩语》，台北广文书局重印本，1970 年（中），20 页。

可见，明人将宣德斗彩称为五彩或"青花间装五色"，其称谓与《格古要论》中所谓"五色花"者有关联。不过，明人的称谓似不及清人准确，如清·佚名《南窑笔记》中，将成化至万历间釉上彩分为斗彩、五彩、填彩三种，即："先于坯上用青料画花鸟半体复入彩料凑其全体名曰斗彩；填者，青料双钩花鸟人物之类于胚胎成后复入彩炉填入五色名曰填彩；其五彩，则素瓷用彩料画填出者是也。"[122]如果联系实物对照以上记载，发现该书对明代釉上彩的分类与界定是确切的。所谓"青料画花鸟半体复入彩料凑合全体"与宣德斗彩鸳鸯莲池纹吻合。而"斗"者，景德镇方言有"凑、拼"之意（如斗架子、斗图案），宣德斗彩正是由釉下（蓝）青花与釉上诸色"斗"成的图案，所以笔者以为称宣德斗彩较为合适。

宣德斗彩虽有文献记载，但过去因未见有实物，人们曾有怀疑。1984 年，我国摄影记者王露在西藏萨迦寺拍摄到一件宣德款斗彩鸳鸯莲池纹碗（图 39-1），胡昭静曾撰文介绍[123]，近知该寺还收藏一件宣德款斗彩鸳鸯莲池纹靶杯（图 39-2）。1985 年，景德镇市陶瓷考古研究所在明御厂故址前院宣德地层发现斗彩鸳鸯莲池纹碗残器（未填彩的半成品）。1988 年，又在明御厂西墙一巷道中的宣德地层发现两件斗彩鸳鸯莲池纹盘（图 40-1、40-2），人们根据以上遗物，始认识了宣德斗彩[124]。

目前所知的宣德斗彩只有萨迦寺藏斗彩碗、靶杯与景德镇出土斗彩盘，共计三种，其遗物纹饰、彩画风格均相同，似出自同一工匠之手。宣德斗彩鸳鸯莲池纹盘，口径 21.5 厘米，足径 13.3 厘米，高 4.6 厘米，撇口、弧壁、

图 39-1
明宣德款斗彩鸳鸯莲池纹碗
西藏萨迦寺藏

图 39-2
明宣德款斗彩鸳鸯莲池纹靶杯
西藏萨迦寺藏

[122] 清·佚名《南窑笔记》彩色条，江苏古籍出版社影印《美术丛书》本，2044 页。

[123] 胡昭静《萨迦寺藏明宣德御窑青花五彩碗》，《文物》1985 年 第 11 期，72-73 页，图版 8。

[124] 同注 (10)，图版 89。

图 40-1、40-2
明宣德斗彩莲池鸳鸯盘
景德镇市陶瓷考古研究所藏

圈足微敛。盘心中央有矾红绘的三朵夸张的莲花占据主要空间，花下以绿彩绘三组荷叶衬托，上下空间各绘一只飞翔的鸳鸯，这类构图源于元青花鸳鸯莲池纹，但又有所不同。元代的鸳鸯均游嬉于水中，而宣德的鸳鸯则飞翔于空中，这类斗彩纹样正统、成化官窑均有摹仿，正统纹样的鸳鸯在水中，而成化纹样完全临摹宣德，可见宣德斗彩对后世的影响是很大的。

仔细观察宣德斗彩便会发现：其色彩看似丰富，实则仅比以往的釉上彩颜色多蓝（青花）、紫二色，如用色最丰富的鸳鸯纹：其头、翅用青花绘出，身上羽毛用红、紫、黄诸色合绘而成。用釉下青花在图案中充当菌色，这是宣德工匠巧妙地运用。而紫色则为宣德工匠的发明。据明嘉靖·王宗沐《陶书》记载："紫色，用黑铅末一斤，石子青一两，石末六两合成。" [125] 石子青即青料，可见我国在明嘉靖以前的紫色主要用青花钴料配制而成，紫是随青花之后出现的。如果我们把宣德紫与成化紫做一对比观察，便能看出：（1）宣德紫不透明（宣德紫可能未渗入石末粉，故不透明），成化紫透明（可能渗入石末粉）；（2）宣德紫仅一种色调，而成化紫有两种色阶——即茄花紫和丁香紫。因此宣德紫看起来就比成化紫色调显得沉暗凝重，难怪明人有"宣窑五彩，堆填深厚，而成窑用色浅淡"之评语。

综上，我们认识到：有了釉上紫色，才有宣德斗彩，才有后来成熟的成化斗彩。宣德斗彩出现以前，釉上彩主要为金磁州窑红绿彩技术烧造的品种，永乐官窑虽有一些创新技法，但没有突破，而宣德斗彩则是一种全新的品种，它的烧造成功标志着釉上彩技术的成熟，意示中国古代瓷器制造将进入彩瓷时代。

[125]明·王宗沐《江西大志·陶书》颜色条，嘉靖三十五年刻本，北京图书馆藏。

第九章 明正统、景泰、天顺釉上彩

朱祁镇年仅 9 岁继位，是为正统朝（1436-1449 年）。"土木之灾"英宗成了蒙古人的俘虏。国难间皇位由英宗之弟朱祁钰继承，是为景泰朝（1450-1465年）。而"夺门之变"，英宗又从其弟手中夺回皇位，改年号为天顺（1457-1464年）。明代这二帝三朝的 28 年时间里，可谓多事之秋。于是，学界普遍认为三朝瓷器陷于衰退期[126]，而三朝官窑瓷器，由于不书年款，其面貌模糊不清，陶瓷史上称其为"空白期"或"黑暗期"。如果综合考察近年出土资料与传世品，并联系有关文献可知，所谓"空白期"，并非完全空白。这一时期民窑生产似乎比官窑活跃，据《明英宗实录》载，正统元年，浮梁民陆子顺一次向宫廷进贡瓷器五万余件[127]。这揭示了正统初年官窑曾一度停烧，而民窑可能承担了官窑向朝廷贡瓷的任务。那么，空白期的釉上彩生产情况如何呢？据《明史·食货六》载，正统元年"禁私造黄、紫、红、绿、青、蓝、白地青花诸瓷器，违者死罪"，可见正统时期民窑已大量生产釉上彩瓷，否则官方就不会禁烧彩瓷了。

从目前出土的资料来看，1988 年在珠山明御厂东司岭地层出土正统官窑釉上彩就具有代表性。

1、斗彩鸳鸯莲池纹碗[128]，该器外壁绘有鸳鸯莲池纹，其构图与宣德斗彩鸳鸯莲池纹相似，外壁绘四组莲荷并间以红蓼、慈姑。两对鸳鸯相互呼应，游戏其间。下绘有变形莲瓣一周，碗心绘一对鸳鸯和四组莲荷。其釉上彩部分的纹饰不像宣德那样在坯胎上刻有花纹细线，而是以青花代替暗刻线，这种彩绘技艺开启了成化斗彩的先河（图41-1、41-2、41-3）。

---

[126]汪庆正编：《青花釉里红》，上海博物馆，两木出版社，1997 年，9 页。

[127]《明史·食货志》和《明实录·英宗实录》。

[128]香港大学冯平山博物馆《景德镇出土陶瓷》，1992 年，版图 231。

图 41-1、41-2
明正统斗彩鸳鸯莲池纹侈口碗
景德镇市陶瓷考古研究所藏

图 41-3
明正统斗彩鸳鸯莲池纹侈口碗
景德镇市陶瓷考古研究所藏

图 42-1、42-2
青花填红九龙纹直壁碗
景德镇市陶瓷考古研究所藏

2、青花龙纹填红直壁碗，该器外壁绘青花九龙纹，隙地留白处填矾红，器物出土时大部分矾红已剥落（图42-1、42-2）。

　　从以上出土于明御窑厂遗址的釉上彩标本来看，其时的釉上彩工艺完全继承宣德，且彩饰题材和彩饰风格都较为相近。景泰、天顺官窑釉上彩遗物在明御窑厂罕见出土，偶尔只见有比正统制品略粗糙的红绿彩残片，可能属这时期的产品（图43-1、43-2）。总体来看，正统、景泰、天顺所谓"空白期"釉上彩瓷一直在生产，但工艺上完全继承宣德官窑。

图43-1、43-2
"空白期"釉上彩瓷
明御窑厂遗址出土

第十章　明成化釉上彩技术的成熟

在历史上，明成化帝文治武功方面虽不能与他雄姿英发的祖父宣德帝同日而语，但成化官窑的成就和影响，似不亚于宣德官窑。据明代鉴赏家评价："本朝窑器，用白地青花，间装五色，为古今之冠。如宣窑品最贵，今日又重成窑，出宣窑之上。"[129] 所谓"白地青花，间装五色"指的就是斗彩瓷。釉上彩瓷经过正统、景泰、天顺三朝的延续烧造，到成化时其工艺已非常成熟了，这时期釉上彩品种非常丰富，有斗彩、单一红彩、绿彩和黄彩、青花矾红彩、青花填黄、青花绿彩，似比宣德时更为丰富。

综览传世与出土成化官窑器，若按其使用功能粗略划分，有以下几类：

①日常生活类：碗、盘、碟、靶盏、高足杯（口径8-4.8厘米）、小杯（口径8厘米以内）、茶盅（口径10厘米左右）、劝盘小杯及天字盖罐等；②文房与花园器：各式调色盘、水盂、带托花盆、长方形花盆、海棠形水仙盆、鸟食罐等；③陈设实用器：长颈瓶、鹤颈瓶、卷耳香炉、鬲式炉、桶形香薰、鸭形香薰等；④祭器类：簋式炉、觚等。这4类23种不同形制的瓷器如再按其不同釉色和花纹细分，则成化官窑瓷器约有200余品，其中釉上彩瓷有50余品，而斗彩约有40余品，成化釉上彩主要有以下特征：

1、成化早期釉上彩多沿袭宣德风格，有的产品甚至直接模仿宣德纹样或工艺，如成化仿宣德斗彩鸳鸯莲池纹盘，该器所绘纹样以宣德器为范本（图44），装饰工艺上则与宣德器一脉相承。又如矾红彩龙纹盘、青花龙纹矾红海水纹碗，其所绘纹样与彩绘手法与宣德器相近。成化还有仿正统的斗彩鸳鸯莲池纹盘之作（图45）。

[129] 同 [121]。

图 44
明成化仿宣德斗彩鸳鸯莲池纹盘
明御窑厂遗址出土

图 45
明成化仿正统斗彩鸳鸯莲池纹盘
景德镇市陶瓷考古研究所藏

2、成化后期釉上彩以斗彩为主，开始使用画意清新的纹样，如高士（图46-1、46-2）、三秋（图47）、子母鸡（图48-1、48-2、48-3）、湖石山茶、池塘莲荷等。其斗彩的青花纹饰画法上用双线勾描再填色，线条细硬流畅；釉上纹饰填色则采用平涂法，有花无阴阳、叶无反侧的特点。

图 46-1、46-2
明成化斗彩人物杯
景德镇市陶瓷考古研究所藏

图 47
明成化斗彩三秋纹杯
景德镇市陶瓷考古研究所藏

图 48-1、48-2
明成化斗彩鸡缸杯（半成品）
景德镇市陶瓷考古研究所藏

图 48-3
明成化斗彩鸡缸杯
台北故宫博物院藏

3、成化斗彩纹饰非常丰富，计有：云龙、夔龙、应龙（图49）、团荷（图50）、缠技宝相（图51）、折技菊（图52）、折技灵芝、折技朵花、折枝葡萄（图53-1、53-2、53-3）、莲托八宝（图54）、云托杂宝、流花锦（图55）、八宝供、团花鸟（图56）、果树小鸟（图57）、花草蛱蝶、松竹梅、景盆堆（图58）、三秋、母子鸡、高士（羲之观鹅图、携琴访友图）、婴戏、海怪纹（图59）等几十种。

图 49
明成化斗彩应龙纹小杯
景德镇市陶瓷考古研究所藏

图 50
明成化斗彩团荷纹小杯
景德镇市陶瓷考古研究所藏

图 51
明成化斗彩缠枝宝相纹高足杯
景德镇市陶瓷考古研究所藏

图 52
明成化折技菊纹小杯
景德镇市陶瓷考古研究所藏

图 53-1、53-2、53-3
明成化斗彩折枝葡萄纹高足杯
景德镇市陶瓷考古研究所藏

图 54
明成化斗彩莲托八宝纹碗
景德镇市陶瓷考古研究所藏

图 55
明成化斗彩流花锦纹小杯
景德镇市陶瓷考古研究所藏

图 56
明成化斗彩团花鸟纹杯
景德镇市陶瓷考古研究所藏

图 57
明成化斗彩果树小鸟纹高足杯
景德镇市陶瓷考古研究所藏

图 58
明成化斗彩景盆堆碗
景德镇市陶瓷考古研究所藏

图 59
明成化斗彩海怪纹天字罐
景德镇市陶瓷考古研究所藏

4、成化斗彩瓷器造型多俊秀端庄，体多小巧轻薄，以小件居多，常见为小杯、盅、碟、碗和盘等，而大件罕见，故有所谓"成化无大器"之说。斗彩人物纹小杯、鸡缸杯、葡萄纹小碟等均为成化官窑代表作品。明清以来人们视成化斗彩为珍宝，清谷应泰《博物要览》："成窑上品，无过五彩，葡萄敞口扁肚靶杯，或较宣德妙甚。次若草虫子母鸡杯，人物莲子杯……皆精妙可人。"[130]

5、成化斗彩瓷胎质洁白致密，这是因为其瓷胎中的氧化铁含量少，三氧化二铝高的缘故。故瓷釉白度高，光泽度亦显柔润温和，玉质感极强。近人研究认为，成化瓷釉中铁钙含量不仅比元至明宣德低，而且比明嘉靖官窑瓷器也低。所以说，成化官窑瓷质为明官窑之冠[131]。

6、成化后期釉上单一黄彩、绿彩工艺上有所突破，如成化黄彩龙纹小杯、绿龙小杯（图60-1、60-2）[132]，其彩绘纹样清晰细腻，这之前的永乐官窑曾出现单一绿彩，但纹饰粗糙，远没有成化官窑精美。

图60-1
明成化黄龙纹杯
景德镇市陶瓷考古研究所藏

图60-2
明成化绿龙纹杯
景德镇市陶瓷考古研究所藏

[130]清·谷应泰《博物要览》，长沙商务印书馆，卷二，1949年。

[131]刘新园《景德镇出土明成化官窑遗迹与遗物之研究》，《成窑遗珍》，香港徐氏艺术馆，1993年，31页。

[132]香港徐氏艺术馆《成窑遗珍》，1993年，图版C84，C85。

7、釉上彩工艺更为成熟。①前期承宣德官窑风格，后期（以成化器底部出现方框款为标志）风格清新亮丽，出现过去许多未见纹样，特别是一些有中国画意的图案首先移植到瓷器上，开釉上彩装饰之先河。②色彩之色阶比前代扩大，如宣德斗彩中绿色仅有大绿一种，紫色只有丁香紫一色，而成化斗彩绿色有大绿、苦绿（草绿）、水绿（淡绿）三种，紫色有茄花紫和丁香紫两种，而黄色也较宣德黄鲜亮。③宣德斗彩采用中国画没骨法彩绘花纹，釉上诸色与青花联系少，青花仅作为一种蓝色衬托花纹，而成化斗彩花纹全用青花料勾描双线，釉上诸色均填在线框之内，故青花与釉上诸色"斗"（凑合）得和谐。成化斗彩是宣德斗彩的继承，但又有所创新。在工艺上有以下两个特征：宣德花纹均先在胎上刻划出极细轮廓线，再按其釉下刻线填色，而成化斗彩则一律改用青花描画纹样，釉上填色均在青花线条之内；因采用平涂彩饰技法，故不能表现物象的阴阳向背，人物服饰也因此为有表无里的一色单衣，山石无凹凸之感，树木干枝不皲皮，花朵多一色。为改变这种单调的画面，成化斗彩运用丰富的色彩对比，在花朵上用其他色彩填蕊，在穿绿衣衫的人物腰间添加红色腰带等，以增强画面的表现力及真实感。因其色域比宣德丰富，为嘉靖、万历时代绚丽多姿的釉上彩（所谓大明五彩）瓷的流行奠定了工艺基础。

8、成化斗彩中之青花色调极有特色，中国硅酸盐学会编的《中国陶瓷史》，曾根据传世品将成化青花瓷分为两类：即"沿用苏泥麻青而带有黑斑"一类和"青色淡雅而称著"一类。根据近年考古发掘资料证实：前一类青花为成化早中期（成化 1-16 年）的制品，其风格受宣德影响；后一类青花则为成化后期（成化 17-23 年）的制品，所谓成化风格便是指该期烧造的别具一格的瓷器[133]，斗彩便是采用这一类青花彩饰的。

[133]同[131]，18-46页。

第十一章　明弘治、正德釉上彩

　　成化斗彩成为中国陶瓷釉上彩转型期的一个开端，为以后的釉上彩瓷树起了一个淡雅、纤巧细腻的样板。弘治、正德时期釉上彩基本上继承了成化风格，釉上彩的产品不多，产品也少有创新。

　　从传世瓷器和近年出土瓷器来看，弘治朝的釉上彩瓷基本是成化风格的延续，其中最有特色的品种是刻花填彩。刻花填彩的制作方法是在胎上先刻出所需图案纹样，上透明釉时将刻好的图案留出，将其用高温烧成后再在露胎的纹样上施彩并用低温烧烤而成（图61-1、61-2）。如弘治官窑烧制的绿彩龙纹碗、盘，其龙纹在瓷胎上直接刻线[134]，绿彩直接填于胎上，使绿龙鲜明凸显，为弘治官窑创新品种。

　　黑彩料首见于弘治官窑。1993年在明御厂故址弘治地层出土有一批成化青花碗残片，在这类碗底青花书"大明成化年制"部位，用釉上黑色料盖住成化款，其用意可能是将其充当弘治官窑产品，黑彩料似为无意中发明的，该类标本可视之为弘治官窑首先使用釉上黑料的佐证（图62-1、62-2）。据耿宝昌先生《明清瓷器鉴定》中介绍，弘治官窑五彩所用彩色

图61-1
明弘治绿龙纹碗残片（半成品）
明御窑厂遗址出土

图61-2
明弘治绿龙纹碗残片
明御窑厂遗址出土

[134]北京大学考古文博学院等《景德镇出土明代御窑瓷器》，文物出版社，2009年，图101,102.

图 62-1、62-2
黑色料盖住成化款的成化器
明御窑厂遗址出土

有红、绿、赭、黑、孔雀绿等[135]，可见弘治官窑首先开始使用黑料，这是前代所不见的。

正德官窑釉上彩制品仍有成化风格，但制品比成化略显粗犷，此时有大件斗彩之作，而彩饰上也没有成化细腻讲究，注重大色块的搭配。传世正德斗彩瓷器数量极少，有炉、洗、缸之类（图 63），其斗彩缠枝石榴花纹三足圆洗，以青料双勾图案轮廓，釉上填以黄、绿二彩，口沿下青花长方框内以青料楷书"正德年制"四字横款。

正德官窑釉上彩创新品种——"黄上红"瓷器（图 64-1、64-2）[136]。1987 明御厂故址正德地层出土一件正德款黄上红绿彩龙纹盘，该器外壁锥刻赶珠龙纹两条，间饰朵云，龙纹及朵云均填绿彩，以娇黄为地，经焙烧后，再在黄釉上填红(矾)彩。这一特殊的彩饰俗称"黄上红"。"黄"与"皇"、"红"与"洪"谐音，寓意"皇上洪福齐天"，这是正德官窑极具特色的釉上彩品种。

正德官窑釉上彩有的制品注重在空白处多填以大色块装饰，如 1987 年

图 63
正德斗彩大缸残片
明御窑厂遗址出土

[135] 耿宝昌《明清瓷器鉴定》，紫禁城出版社、两木出版社，1993 年，110 页。

[136] 日本大阪市立东洋陶磁美术馆《皇帝的瓷器》，1995 年，图 177。

图 64-1、64-2
明正德黄上红彩盘
景德镇市陶瓷考古研究所藏

图 65
明正德黄地青花螭龙纹碗
景德镇市陶瓷考古研究所藏

明御窑厂遗址正德地层出土正德黄地
青花螭龙纹碗，外壁绘青花龙纹两条，
以黄釉为地，口沿、足壁绘流花纹（图
65），流水施以绿彩，朵花施以黄彩，
色彩鲜明。正德绿地青花团龙纹碗（图
66-1、66-2），该器腹部除青花团云
龙纹及口沿朵花留白外，均填以低温
绿彩，口沿、足壁和底部的灵芝云则

以低温黄彩装饰。以上两器的釉上彩装饰效果有别于成化淡雅风格，为正
德官窑釉上彩中具有特色产品。

　　明正德官窑釉上彩瓷，其造型、装饰除继承前代传统外，在创新中也
有正德朝独特的风格的产品。正德釉上彩在白釉器上直接绘彩纹饰，这种
彩瓷制作精细，使用较多的是红、绿、黄三彩，有些器物重用黄绿彩，红
彩做点缀，或以套色来烘托纹饰，如黄上红等。正德彩瓷的装饰，除传统
的花鸟和穿花龙、翼龙纹饰外，还以阿拉伯文或伊斯兰图案为纹样作装饰，
成为正德彩瓷一个鲜明特征，如单一矾红彩书阿拉伯文的彩瓷，为正德官
窑仅见。

图 66-1、66-2
明正德绿地青花团龙纹碗
景德镇市陶瓷考古研究所藏

第十二章　明嘉靖、隆庆、万历釉上彩

嘉靖至万历时期，釉上彩瓷技艺有了进一步发展，釉上彩品种在继承前代的基础上，数量空前增多。嘉靖时期出现"官搭民烧"制度，民窑产品的品质有长足发展，当时瓷器的对外销售也极大地刺激和促进了景德镇窑业，嘉、万时期瓷器品种比前代丰富，出现了创新品种。最有特色的是此时釉上彩以红、绿、黄、紫、黑彩描画图案，即所谓"大明五彩"，其中红、绿、黄为主色，亦有金彩等多种彩饰的彩瓷。

一般认为"大明五彩"为嘉靖官窑创烧，从传世与出土遗物看，所谓五彩有纯釉上五彩与釉下青花和釉上彩相结合的青花五彩。纯釉上五彩为釉上红、黄 、绿、紫、黑五种釉上色料绘成的彩瓷；青花五彩为釉下青花和釉上红、黄、绿、紫四种色料彩绘的彩瓷。后者人们又往往把它称之为斗彩。

关于五彩，最早见诸的文献是成书于明嘉靖四十年（1561年）的谷应泰撰《博物要览》云："成窑上品，无过五彩葡萄撇口扁肚靶杯，式较宣杯妙甚……五彩，宣庙不如宪庙……宣窑五彩深厚堆垛，故不甚佳，而成窑五彩用色浅谈，颇有画意……"[137]

明沈德符《敝帚轩剩语》曰："本朝窑器用白地青花间装五色，为今古之冠。如宣窑品最贵，近日又重成窑，出宣窑之上。"[138]

清代雍正、乾隆年间的宫廷档案中涉及成化斗彩时使用的是"成窑五彩"之名，如雍正七年内务府档案载："五月十三日据圆明园来帖内称，四月十六日太监刘希文、王太平交来成窑五彩磁罐一件，无盖。传旨：着做木样呈览，钦此……奉旨：将此罐交年希尧添一盖，照此样烧造几件……"

［137］清·谷应泰《博物要览》，长沙商务印书馆，卷二，1949年。

［138］同注 ［121］。

（《活计档·清档》造字第 3323 号）。再如《活计档·清档·乾隆记事》载：
"（乾隆十三年闰七月初二日）太监胡世杰、张玉交宣窑青龙白地罐一件……
成窑五彩菊罐一件，成窑五彩荷花罐一件，成窑五彩罐一件。传旨：着交
唐英各照样配盖一件……"可见明清时期人们对釉上彩大都以五彩称之。

　　清·佚名《南窑笔记》对明成化以来的釉上彩进行了划分，该书"彩色"
条谓："成、正、嘉、万俱有斗彩、五彩、填彩三种。先于坯上用青料画
花鸟半体，复入彩料凑其全体，名曰斗彩。填者，青料双勾花鸟人物之类
于坯胎，成后复入彩炉填入五色，名曰填彩。其五彩则素瓷纯用彩料画填
出者是也。"[139] 该书约成书于清代早期，是一部较为重要的陶瓷工艺学
著作，其对釉上彩的划分有一定根据。

　　1、关于明嘉、万五彩瓷的主要工艺特征。

　　①嘉靖官窑开始流行使用釉上黑彩，采用黑线勾描纹样轮廓，以代替
青花勾线。一改传统斗彩釉下青花装饰效果，工艺有所突破。1987 年明御
厂故址出土一件"大明嘉靖年制"款的五彩瓷碗残器（图 67），该器纹饰
轮廓线条不是用青花描线，而是用釉上黑色线条描绘，在黑色线框内再填色，
这一工艺改变了过去用青花描线的方法，使五彩不用釉下青花，纯用釉上
颜料便可完成，这是釉上彩工艺上的一大突破（图 68）[140]。②嘉万五彩

图 67
明嘉靖斗彩碗残器
明御厂故址出土

图 68
明嘉靖黄上红彩海水纹盖罐
景德镇陶瓷馆藏

[139] 同注 [122]。

[140] 香港大学冯平山博物馆
《景德镇出土陶瓷》，1992 年，
图 271。

是以红、黄、绿、蓝、紫诸色，按图案纹饰需要组成画面的，嘉万五彩蓝色主要以青花代替。③嘉万五彩以大红大绿，施彩繁缛为基本风格。纹样以炽烈取胜，彩画细腻繁密而缺少气魄。器物多大件，但胎釉则不如前代细腻莹润。

　　总而言之，嘉靖、万历五彩瓷极其盛行，以浓红艳绿取胜，色调纯正，制作精细（图69-1、69-2），这时期的五彩也分白釉地直接绘五彩和青花五彩两种。嘉靖五彩所用彩料有红、黄、蓝、绿、紫、黑、孔雀绿等色。色彩的突出特点是红彩均为枣皮红，凝厚光熠；多用孔雀绿着色；紫色为艳丽的茄紫；黄彩似密蜡。嘉靖五彩多大器，如大罐、大缸、大盘、花觚等。常见图案有云龙、云凤、花鸟、八仙、八吉祥等。万历五彩瓷仍以前代风格为主体，没有新的创造。其时五彩的装饰改变了前代构图清新疏朗的风格，以图案纹样满密为胜，特别是采用镂空工艺。装饰的内容仍以龙凤花草为主，并有婴戏、八仙、百鹿等图案。也有用雕塑手法来表现的，并带有道教色彩。另有以吉祥内容为题材的，如福、禄、寿这些祝福的吉语用得较多。清·谷应泰《博物要览》载："漏空花纹，填以五彩，华若云锦。" [141] 以镂空工艺和五彩相结合的装饰方法，是五彩瓷在明代出现的新品种。传世万历五彩镂空云凤纹瓶是典型的镂空五彩装饰器，该器运用镂雕与彩绘相结合的装饰手法，纹样繁密，镂雕工艺与施彩搭配得十分巧妙，色彩浓烈，红、黄、绿、青花等诸多色彩把整个器物烘托得艳丽华美。

图 69-1、69-2
明嘉靖五彩莲禽纹盘
鸿禧美术馆藏

[141] 同注 [137]。

嘉靖、万历五彩器的共同特点，即装饰繁密、色彩绚丽，制作工艺和造型大同小异，因此常被归于一类器物。但嘉靖五彩多用孔雀绿彩，而万历五彩则不然，这是两朝五彩瓷之间的重要区别。

2、关于嘉、万时期的斗彩瓷。

嘉万时期五彩瓷较为盛行，斗彩产量较少，且斗彩瓷受成化斗彩影响，其造型、纹饰多以成化器为蓝本进行简单模仿（图70），彩色却受当时五彩瓷影响，显得浓艳，特别是青花料的呈色，因使用所谓"回青"料，配合国产石子青料绘画，青花色蓝中泛紫。如传世品中嘉靖仿成化斗彩折枝灵芝纹盘、莲池鸳鸯纹盘、婴戏纹杯、折枝菊纹杯等，均有上述特征。嘉靖斗彩创新器形有斗彩缠枝灵芝纹蒜头瓶，嘉靖斗彩折技莲八卦纹双耳炉等。隆庆斗彩瓷极罕见，见有仿成化斗彩鸳鸯莲池纹盘，署隆庆年款。值得注意的是故宫博物院收藏的几件成化斗彩花卉纹杯中，有的被磨去"大明成化年制"底款，蒙以矾红彩楷书"大明隆庆年造"六字双行双方框款。万历朝仿成化斗彩瓷见有折枝莲托八吉祥纹碗、团花果纹碗、灵云纹杯、团莲纹高杯、缠枝莲纹罐等。创新器形见有斗彩饕餮纹方鼎。这些器物上皆署青花楷书"大明万历年制"六字本朝年款，款式以六字双行双圆圈较为多见，亦有少数六字双行外围双方框及六字横排者。嘉、万时期仿成化斗彩器是这一时期很有特色的产品。

图70
明万历斗彩花卉纹碗
上海博物馆藏

第十三章　清康、雍、乾时期釉上彩的繁荣

清康、雍、乾时期，釉上彩瓷发展到了又一个高峰. 创烧了康熙五彩、珐琅彩、粉彩等一代珍品，成为中国釉上彩瓷发展史上一个最为鼎盛时期。

（一）康熙釉上彩

1、"康熙五彩"，又称"硬彩"、"古彩"（图71、72），此类釉上彩瓷彩饰线条雄健，色彩变化丰富，单纯强烈，常用淡赭作晕染，衣褶与花卉之花头和枝叶有深浅浓淡之分，受当时版画和文人画影响，构图有绘画风格，有些画面讲究虚实均衡，出现大面积空白，类似中国画的表现手法。彩料方面，其五彩的彩料又有新的发展. 发明了釉上蓝彩，特别是金彩的运用突破了明嘉靖在矾红、霁蓝地上单一描金的装饰的效果。透明彩料增多，使纹样色彩晶莹透底，线条清晰可辨，这种透明度强的彩料，使在陶瓷上做中国画题材有了可能。康熙五彩的彩料有：红、黄、翠、紫、大绿、苦绿、水绿七色。红是"矾红"，用来勾线和"彩"；黄是"古黄"近似"中黄"；翠是"古翠"即蓝色，接近普蓝；紫是"古紫"即紫色；大是"大绿"接近水彩的深绿色；苦是"古苦绿"接近草绿色；水是"古水绿"即淡绿色。康熙五彩色料中使用助溶剂少，彩饰采用单线平涂的方法，整个纹样色块鲜明透彻，线条硬朗，层次分明。其烧成温度大约 800℃ -900℃之间。

图71
康熙五彩人物纹盘
景德镇陶瓷馆藏

图72
康熙五彩莲塘水禽纹瓶
北京故宫博物院藏

2、康熙珐琅彩（图73）。在瓷胎上作珐琅大约产生于康熙五十年以后，有的学者推测为1713年或1716年[142]。康熙珐琅彩瓷的彩料较厚，有凸起之感，且彩料上有细小裂纹。其早期画风如同铜胎画珐琅，整个画面涂满彩料，所饰胭脂红，为我国最早使用的金红。其珐琅彩化学成分有以下特点：①它含有大量硼，而在中国传统彩料中，无论五彩或粉彩，都不含硼。②珐琅彩中含有砷，而在中国传统彩料中，只有粉彩含砷，五彩则不含砷。③珐琅彩中的黄料采用氧化锑为着色剂，在康熙前，不论五彩中的黄色或是低温色釉中的黄色，均采用氧化铁为着色剂。④珐琅彩中的胭脂红是用胶体金着色的金红，这种彩在康熙以前没有出现过。以上化学成分，说明珐琅彩不是中国的传统彩料，而是从国外引入的。因珐琅彩瓷是由铜胎珐琅移植而来，故又称"瓷胎画珐琅"。根据相关记载珐琅彩瓷，先在景德镇烧成精细白瓷，然后在清宫内务府造办处作珐琅彩焙烧而成。珐琅彩的制作过程似如记载所述，因为在珠山御窑厂内目前未发现一片清初珐琅彩瓷残片。所用彩料，雍正六年以前用进口珐琅料，雍正六年以后，宫廷自制珐琅彩料。

康熙珐琅彩多在器外壁上釉处用黄、蓝、红、豆绿、绛紫等彩色作地（图74），彩绘缠枝牡丹、月季、菊、莲等图案，也有在四个花朵中分别书"万"、"长"、"春"、"寿"等字样。在器底一般书"康熙御制"红或蓝色堆料款，个别

图73
清康熙珐琅彩花卉纹碗
台北故宫博物院藏

图74
清康熙珐琅彩花卉纹碗
台北故宫博物院藏

[142] 施静菲《日月光华—清宫画珐琅》，台湾国立故宫博物院，2012年，14-21页。

为阴文刻款。法国利摩日市是当时世界珐琅彩制作中心，17世纪法国传教士陈中信来到中国，入康熙宫廷，曾对康熙帝和宫廷画师产生深刻影响，康熙珐琅彩瓷正是在这样的背景下产生的。

3、康熙粉彩（图75）。受珐琅彩的砷元素启示，以其含砷元素的白信石掺入铅熔块玻璃粉等熔剂中，制成一种白色粉末. 由于它烧成后呈乳白色玻璃状故俗称"玻璃白"，简称"玻白"。据有关资料记载，其配方为：甲晶料 20 市斤、玻璃料 0.375 市斤、铅粉 1 市斤、氧化砷 0.5 市斤（魏忠汉《陶瓷装饰材料学》）。另据载：玻白，以青铅、牙销、信石、石英等，加玻璃少许制成（吴人敬《绘瓷学》，1936 刊行）。借助变化色料中玻璃白的加入量，形成一系列深浅浓淡的色调，这些被"粉化"的色调除康熙五彩中以铁、铜、钴、锰为着色剂制成的红绿、蓝绿、紫、黑外，还引进了珐琅彩料中以金为着色剂制成的胭脂红和以锑为着色剂制成的锑黄，加之以玻璃白在彩绘画面时打底，用中国画渲染技法，突出阴阳、浓淡的立体效果. 开拓了彩瓷装饰新面貌。粉彩出现以后，景德镇陶瓷装饰艺术一改过去的刚健、粗犷的画风，所用彩料比五彩更丰富. 从而形成了淡雅柔丽的风格。粉彩的装饰画风与珐琅彩有许多相同之处，例如，康熙御制粉彩是在涩胎上加彩，器皿里面和圈足内施有白釉，花纹以外填满了粉红、黄绿、兰紫等底色，这完全是对铜胎珐琅彩的模仿。粉彩纹饰大多形态逼真、栩栩如生，装饰与铜胎珐琅极为相似。在款识方面，御制粉彩也是对铜胎画珐琅的模仿。

康熙粉彩属于草创阶段，纹饰和施彩的风格简朴，色料较粗糙，施

图 75
清康熙粉彩花卉纹水丞
北京故宫博物院藏

彩浓厚，少有大器，其纹饰内容以云龙和花卉为主，常见一些画面潦草的以云龙为纹饰的香炉、净水碗之类，制作粗率，砂底无釉，其中有的器型、纹饰等与康熙青花器颇为相似。此外，还有五彩和粉彩合绘的花觚等器。粉彩署官窑款的传世品很少，也有少数折枝花果碗署"大明成化年制"款，其釉面微显亮青色，彩色虽然淡雅，但较之雍正时期仍显浓丽厚重。

康熙时期粉彩的透明色彩料大都是根据五彩料的混合变化，调配出各种不同的浓淡色调．如绿有粉大绿、粉苦绿、本地绿、淡苦绿、淡水绿，赭又可分深赭石、淡赭石，黄有锡黄、老黄，以及淡翠绿、粉古紫等等。粉彩的色料种类多，它是传统彩绘中色彩最多的一种品种，有近似五彩的透明色，也有不透明以及作为洗染的"净颜色"。粉彩的彩料中的两种颜色区分：一是玻璃白，粉质不透明，犹如中国画中的白粉；二是雪白，是透明色，"净颜色"质地纯净。凡以玻璃白为底的是不透明的；凡以雪白为底的是透明的。许之衡《饮流斋说瓷》谓："描绘人物面目，其精细者，用写照（写生）法。以淡红色描面部凹凸，恍如传神阿堵者。"[143]康熙粉彩素描技法的运用，使釉上彩突破了过去的单线平涂，特别是粉彩翎毛、花卉、人物等出现的光线明暗和阴阳背向的立体感，使表现对象无不精细入神，栩栩如生，在瓷器釉面上产生了一种独特的表现效果。

4、康熙墨彩。墨彩出现于康熙中期，流行于雍正、乾隆年间，延续至清末、民国时期。康熙时，墨彩已单独作为一种釉上彩绘来表现纹饰的主题，也有的略以极少的五彩相衬。康熙墨彩着色浓重，彩釉配制纯净，由于彩

［143］许之衡《饮流斋说瓷》，《美术丛书》，江苏古籍出版社，1997年，1668页。

绘上涂一层玻璃白，烧制的墨彩都有漆黑莹亮的特点。还有一种以绿彩打底托衬墨彩的，更显浓郁晶亮。康熙墨彩纹饰以花卉禽鸟为主，画风深受同时代画家的影响，有的甚至以著名画家的手稿绘瓷。康熙墨彩器的白釉地大多微闪青色。到雍正、乾隆年间，墨彩器用国产料仿烧水墨珐琅效果的瓷器。它是在白瓷器上以黑料绘画纹样，再经低温烘烧而成。犹如白纸作画，墨色浓淡，雅洁宜人。以后的墨彩就不如康、雍、乾时期的精美。

5、康熙墨地三彩（图76）。是康熙三彩中最为名贵的品种。先在瓷器上施以绿釉，复施黑釉，即成墨色地，再以泛紫的深墨笔道勾描花卉、禽鸟、荷莲等图案，填绘黄、绿、紫、白各色，谓之墨地三彩。其笔画娴熟，层次分明，刚劲有力，传神自然。康熙墨地三彩为民窑产品，传世品稀少，多为光绪及民国时的仿作。

（二）雍正釉上彩

1、雍正珐琅彩是在雍正皇帝直接干预下进行生产的，产品比前代精良（图77、78）。雍正珐琅彩的一项重要工艺突破，是改变了在涩胎上附彩作画的方法，在白釉上直接彩绘，即以胭脂红为地，地色也附在白釉上。其珐琅彩的主要特点，是采取了当时宫廷画院"如意馆"之类工笔纸绢画画法，其

图76
清康熙墨地三彩双耳碗
法国吉美博物馆藏

图77
清雍正珐琅彩孔雀纹碗
台北故宫博物院藏

图78
清雍正黄地珐琅彩寿石水仙纹碗
台北故宫博物院藏

花卉、禽鸟、山水、人物的勾、画、皴、染完全同于纸绢。画面多有题诗，诗有四句、两句及单句，有行楷书，少见隶书，并有胭脂红或矾红引首及句后联珠印。同时增加了赭黑色，色与色之间互相掺兑，出现混合色，如红掺黄色为倭瓜红色，黄掺红为杏黄色，黄掺绿为蛋黄色，绿掺黄为葵绿色，蓝掺绿为孔雀蓝色，绿掺蓝为孔雀绿色，彩料精、薄、鲜嫩。雍正时珐琅彩最精彩，其山水、翎毛、花卉、人物非常逼真，有中国画工笔重彩的效果，据载雍正帝曾亲自监制珐琅彩的生产。

2、雍正粉彩别具一格（图79），许之衡《饮流斋说瓷》谓："康熙硬彩，雍正软彩，硬彩者，谓彩色甚浓，釉附其上，微微凸起。软彩又名粉彩，谓彩色稍淡，有粉匀之也。"[144]康熙硬彩华贵深凝，雍正粉彩艳丽清逸，粉彩以雍正朝最著名，雍正粉彩不仅有白地彩绘，也有珊瑚红地、淡绿地、酱地、墨地等各色绘彩。乾隆时亦有生产，但制品较雍正略微逊色，多以粉彩代替珐琅彩。

图 79
清雍正粉彩牡丹纹盘口瓶
北京故宫博物院藏

[144] 同注 [143]

（三）乾隆釉上彩

1、乾隆珐琅彩（图80、81、82）。早期有雍正特点，后期有"锦灰堆"画法，即在彩地上用各种色彩绘画各式各样的织锦纹、丝绸纹和其他花纹。花纹中又添绘各式缠枝花或其他图案画，所以也称为"锦上添花"。有的在锦地开光绘制主题画面，也有围绕主题画面的大开光，另开若干小开光以画边花。其绘画还有一个特点，就是新出现了中法和西法相结合的人物画。乾隆珐琅彩的色彩特点，是杏黄花细腻而泛红，蓝色鲜艳似青金，胭脂水色浓而透明，花卉线条用黑色处浓如墨；色彩渲染而不厚，款识用蓝料或胭脂水料，均较薄。

2、乾隆粉彩（图83、84、85）。在工艺上，乾隆粉彩胭脂红花朵大多勾茎，不像以前只是单独渲染。乾隆粉彩锦地、蓝地、黄地开光制作增多。胭脂红地粉彩、金地粉彩、霁红地粉彩及粉彩描金器是乾隆粉彩的创新品种，且出现粉彩和珐琅彩同时装饰一器的工艺。乾隆粉彩有别于五彩的最大特点是它使用了康熙晚期始从国外进口的胭脂红。其特点是改变了康熙古彩那种单线平涂的生硬色调，而可以分别明暗、渲染接色，使每一种颜色都有丰富的层次，显得柔和而俊雅。它的制作，一般是在素白瓷上绘轮廓后，

图 80
清乾隆珐琅彩花卉纹双连瓶
故宫博物院藏

图 81
清乾隆蓝地珐琅彩花卉纹瓶
故宫博物院藏

图 82
清乾隆珐琅彩开光仕女纹双耳瓶
故宫博物院藏

先填一层"玻璃白",再以所需的色料用乳香油或水调匀,在玻璃白上进行描绘,最后入炉烘烤。所用彩料很多是进口料,除胭脂红外,又有洋黄、洋绿、洋白等色。乾隆粉彩改变了以前简单的渲染手法,使图案花纹趋于繁缛,由于粉彩多为进口原料,其所施彩也属西洋艺术特色。乾隆时粉彩称之为"洋彩",唐英《图冶图说》中亦称之洋彩[145],粉彩之名出现于民国初年,有学者认为当恢复其洋彩之名[146]。粉彩颜料十分丰富,是以钾一铅一硅为主的彩料配方系列与不同的单一发色金属氧化物配制而成,用它绘制瓷器,经 780℃ -830℃ 的温度烤烧后,颜色凸于瓷面,呈色晶莹,粉润雅致。乾隆粉彩的颜料可分五大类。①粉彩红料:胭脂红(洋红)、宫粉(粉红)、矾红;②粉彩绿料:包括大绿、翡翠、苦绿、粉大绿、粉苦绿、石头绿、淡苦绿、淡水绿、墨绿、本地绿、松绿;③粉彩翠蓝料:有

图 83
乾隆开光粉彩瓶
台北故宫博物院藏

图 84
乾隆粉彩九桃瓶
景德镇陶瓷馆藏

图 85
乾隆粉彩八仙纹碗
故宫博物院藏

[145]乾隆四十八年《浮梁县志·陶政》卷之五,三七页。

[146]廖宝秀《华丽彩瓷—乾隆洋彩》,台北故宫博物院,2008 年,30 页。

淡翡翠、粉翡翠、广翠、淡翠、淡古紫；④粉彩黄料：有老黄、锡黄、粉黄、淡黄；⑤粉彩白料：有雪白、玻璃白、雪景玻璃白。乾隆粉彩的洗染有两种：一是用油染色，即用油在填有玻璃白纹饰上涂一遍，使其吸一层油，后再用油洗染点笔蘸油，将颜色由深及淡逐渐洗染，点染分出阴阳转折之变化；二是用水染色，亦采用中国画的点染法，用洗染笔蘸水然后在笔端上蘸色在玻璃白上点染，此法多用于花卉花朵渲染，但也常用在人物服饰上。另外还有接填法，打底法、填地法等。

从总体看，清代初期的釉上彩装饰题材，受到"四王"画派（以王时敏、王镒、王晕、王原祁为代表）影响，如笔筒上绘画渔樵耕读图。亦受小说戏剧和版画影响，如大笔筒和瓶器上多出现刀马人物画。清初以来绘画艺术继承元、明以来风格，文人画日益占据画坛主流，山水画的创作及水墨写意画盛行．在文人画的创作思想影响下，更多的画家追求笔墨情趣，风格技法争奇斗艳，在这种风气影响下陶瓷釉上彩也追求中国画意味，由单线平涂的古彩发展到填色前加施一层玻璃白的工艺制作法，如中国画之粉本一样，使釉上彩绘彩科颜色鲜明，有浓淡厚薄变化，有阴阳背向之分。在人物衣褶、花卉等装饰上采用洗染方法，这是瓷器釉上彩工艺一大进步，直接影响和产生了早期的粉彩。粉彩装饰是将瓷画与纸画渐趋一致，粉彩上所表现的花卉、翎毛、人物故事等，与纸画相似，其勾、皴、点、榻、洗等精巧之至。由于粉彩的彩料性质和种类多,产生运用的用笔技法亦多样，除吸收了五彩的勾线、平填技法外，还受到中国画技法的深刻影响。

第十四章　清中后期别具一格的釉上彩

清代嘉庆以后景德镇制瓷业开始衰退，釉上彩瓷除珐琅彩停烧之外，其他彩瓷仍继续烧造，其时除粉彩、斗彩似还有前代风采，其他产品已明显退步。清咸丰以后，釉上彩的生产已大不如前代，但此时出现一个崭新品种——浅绛彩瓷，却使清中期暗淡的制瓷业有了一丝亮点。

浅绛彩瓷是清中期景德镇创烧的釉上彩一个新品种。"浅绛"原是借用中国画的概念，指以水墨勾画轮廓并略加皴擦，以淡赭、花青为主渲染而成的山水画，起源于元代，代表人物为黄公望。"浅绛彩"是专用名词，指清咸丰至民国初年流行的一种以浓淡相间的黑色釉上彩料，在白瓷胎上绘出花纹，再染以淡赭和水绿、草绿、淡蓝及紫色料，经低温650℃—700℃度烧成，其绘画效果与纸绢之浅绛画近似，故称为"浅绛彩"（图86、87）。

从烧制工艺角度看，浅绛彩所用彩料与粉彩大致相近，烧成温度也一致（图88），然而它们之间仍有质的区别：①粉彩所用之黑料为纯度较高的钴土矿，而浅绛彩所用黑料，称之为"粉料"（即在钴土矿中加入铅粉配制而成）。由于粉料含铅，纹样画出后不用"雪白"（一种含铅料）覆盖便

图 88
潘匋宇 粉彩花鸟人物纹琮式瓶
景德镇陶瓷馆藏

能烧成。故粉彩之黑深而亮，浅绛之黑浅而淡，但烧成效果似水墨浑化，别有韵味；②粉彩填色之前需用玻璃白（含砷的不透明白色料）打底，浅绛彩不用，而是直接将淡矾红、水绿等彩直接画上瓷胎，故粉彩有渲染而浅绛则无；③清代粉彩艺人由于分工细，文化程度不高，故多数只能专工一种题材。浅绛艺人则有较高的文化素养，多数兼善山水、人物或花鸟；④清代官窑粉彩由宫中发样，工匠照描，描完后填色，故很难表现出艺人的个性。浅绛则从图稿设计、勾画到渲染都由一人完成，能自由表达画者的风格与个性，因而粉彩为不同的人分工合作的产物，而浅绛则是文化层次较高的艺人得心应手之作，故粉彩板而浅绛活。晚清粉彩多取自前代瓷器图案，浅绛则多借宋元以来的文人画稿，故粉彩"工"而浅绛"放"[147]。此外，浅绛彩多借宋、元文人画稿。画上多有作者题字、题诗和署款，这在我国陶瓷史上是一种创举，浅绛彩将中国书画艺术——诗、书、画统一表现在瓷器上，使瓷画与传统中国画结合，创造出瓷画的全新面貌。因为它首次使中国画自宋元以来形成的传统形式表现在瓷器上，其文化气息更加浓郁，也为近、现代瓷创造了样板。

浅绛彩的起源从有关资料看似产生于道光末年，传世品有新安画家程门绘浅降彩白瓷花耳扁壶，上有咸丰五年（1855年）题记，海上画派名家张熊于咸丰六年丙辰（1856年）绘有《四清图》瓷板，这说明浅降彩始烧年代下限不晚于这一时期。如果从有关工艺来判断，似乎其创烧年代更早。这是因为大部分浅绛彩瓷釉面呈细微波浪纹起皱，称"橘皮釉"，是道光时期釉的特色；其次，浅绛人物画明显受道光时期流行的人物画影响；再者，道光时开始，文人士大夫自行设计与制作文玩成风，文人画家在瓷器上别出心裁创

[147] 刘新园《景德镇近代陶人录》，《瓷艺与画艺》，海洋国际出版社，2003年，页56-57。

作瓷画当也是受此风影响。这一时期有代表性的艺人有：

程门（1833—1908年前），原名增培。字松生，号雪笠、笠道人，安徽黟县五都田段村人，是浅绛彩绘艺术的集大成者。程门的存世作品较多，以山水画成就最高。他的山水画取法元人及清初四王，在瓷板上大胆地运用偏锋连勾带皴，表现出近于文人画的写意效果，为瓷画别开生面（图89-1、89-2）。程门善用红或青色作点景人物，以取得"万绿丛中一点红"的意境。除山水外，程门还兼擅人物、花鸟及高温釉下彩（青花）。程门之子程言与程盈（曾盈），也是画瓷名家。其门生则有程士芬及汪友棠等，都是浅降彩名家。

金品卿，名诰，号寒峰山人，安徽黟县人。擅长绘浅绛山水及花鸟人物，亦工行书，宗法二王。山水仿明沈周、文征明，花鸟则学蒋庭锡、邹一桂工细的路子。他曾在御窑厂任职，作品受宫廷工细风格影响。

王少维，名廷佐，以字行，安徽泾县人，生卒年不详，约活跃于同治至光绪年间。擅作浅绛山水与人物，能在瓷板上写肖像，又以画猴著称。他与金诰均曾在御窑供职。

俞子明，字静山，活跃于同治、光绪年间。擅人物与花鸟，又工行书及篆书，受民间绘画影响较深。他擅画大型器物。除绘人物外，所作花鸟小品亦有特点。

汪藩，字介眉，活跃于同治、光绪年间。擅人物及花鸟，流传作品较多，以人物最精。他处理人物的手法与别家不同，人物衣纹袍发一丝不苟，这种刻意工描有点像海派四任所推崇的陈洪绶。

高心田，擅画山水，他是浅绛彩转向新粉彩承前启后的画人之一。他的作品对后来"珠山八友"之一的汪野亭影响极大。

图89-1
程门 浅绛彩山水图瓷板
景德镇陶瓷馆藏

图89-2
程门 浅绛彩山水纹瓶
香港关善明藏

图 90-1
王琦 粉彩福禄寿三星图瓷板
景德镇陶瓷馆藏

图 90-2
王琦 粉彩桃园结义图瓷板

除上述几位外，尚有工人物画的汪章、汪友棠，工山水花鸟的任焕章、许达生等。

后期的新粉彩名家中，有些早年也曾画过浅绛彩，如"珠山八友"之首的王琦（图 90-1，90-2），他在早年也曾画肖像画。"珠山八友"中画过浅绛彩瓷的还有汪野亭、王大凡等人。

浅绛彩瓷主要产品：①瓷板。浅绛彩瓷板尺寸，从现存清末民国初的"润例"看，从六寸到三尺都有，而传世浅绛彩瓷板多为 30-40 厘米宽，40-50 厘米高。厚度有两种，一种为厚片，约 6-8 毫米，一种薄片厚仅 3-5 毫米。形状以长方为主，用于镶嵌家具则有圆形、扇形等。薄而小的瓷板，通常平置于窑中烧制，故底面有"砂底"，中型及一尺以上的大片，背面有等距凸起的胎骨以防变形。②瓶类。清末流行较大型（80 厘米以上）的花瓶，甚少浅绛彩器，这与浅绛彩只适合写意画有关。浅绛彩器中最常见是琮瓶。左右两侧有象耳铺首，通常是正背两面作画，左右两侧书法。此外还有棒槌瓶、胆瓶等，大都为小件。③帽筒，流传至今的浅绛彩帽筒也许比任何一类器物都多，高度在 40 厘米左右，以圆形为主，也有六角形、方形的，有的还在各面开窗作透气或装饰用。此类器通常成对摆设于厅堂，以同治、光绪年间最为流行。④食具及茶具。食具之中以汤盆数量最多，一般为圆形直身，高约 6-10 厘米，两侧配铜耳，厚胎，上有盖。此种食具流行于咸丰同治年间。碗则以六角棱角形碗为典型。这种碗胎釉均厚，高足，多带同治款。扁平的碟类较少见。茶具类以茶壶、茶盘及盖盅为大宗。茶壶有六角形、方形、圆、瓜棱等各种，多带底款。茶盘是承茶盅的器物，多为椭圆式正圆形，边高 1 厘米左右，盘内绘人物或山水，一般为露胎或砂底。盖盅是清末时期流行的茶具，由盖、盅、水底两部分组成，讲究的浅绛彩盖盅三者上都有绘画。

浅降彩瓷一般有款,可分为两类:①年号款,以"同治"款最多,用矾红直接书于器底,带边框。光绪年间款多写"光绪年制"字样,也有不带框的。②堂室名款,分作者名和收藏者名两类。

浅绛彩瓷成就最高的是山水画,具有元代以来文人画中的意境。浅绛彩花鸟画取材多为吉庆祥瑞的寓意,与海派花鸟画面貌相似。禽类画鹦鹉、绶带、仙鹤、喜鹊;花卉多作紫藤、梅、兰、松、竹、牡丹等。浅绛彩由于受材料影响,花卉着色不太鲜艳,因而牡丹、荷花等都画得较小。浅绛彩人物画可分肖像与人物两种。肖像画力求细致描绘。能画浅绛肖像者仅知有王少维及王琦二人,肖像画在浅绛瓷中极为罕见。浅绛彩瓷上还以独立的书法作装饰,程门、金品卿、王少维等人都兼工书法,走赵(子昂)、董(其昌)一路,许达生的楷书似成亲王,任焕章的行书类何绍基风格。金石碑版的文士风尚,在浅绛彩瓷上也有体现,之后则流行起用金文来装饰浅绛彩器,往往是在器物的一侧绘画,另一则用金文(通常以矾红书写)作装饰,内容是"子孙永享"之类的吉祥语,这种风尚一直延续到民国初年。

浅绛彩瓷由于主要表现水墨画的效果,在色料的调配和绘画技法上就有它的特点。在彩料中都先要加进铅粉,然后直接在瓷胎上绘画,描出的墨线和彩绘的颜色浅薄而色涩,时间一长色层就会蚀落,尤其是人物面目不清。由于晚清瓷业生产水平下降,白瓷胎的釉面经常有"浪荡"现象,往往也就影响了绘画效果。又因为不用盖上一层雪白,画面不光滑,也就容易藏纳污垢。这个缺陷,使浅绛彩瓷不能像五彩、粉彩瓷那样长久延续下去。光绪末年,随着洋彩大量进口,景德镇的绘瓷艺人很快被其鲜丽颜色吸引,尤其是民国以后,许多官办陶瓷学校、研究所和私人作坊都致力于复烧各种新的彩瓷。民国时期许多浅绛彩艺人,后期亦都转绘新粉彩了(图91-1、91-2)。到民国初年,浅绛彩瓷便基本消失 为新粉彩所代替。

图 91-1
民国粉彩雪中垂钓图瓶
景德镇陶瓷馆藏

图 91-2
汪棣 粉彩东坡爱砚图瓷板
景德镇陶瓷馆藏

第十五章　民国时期的新彩

　　民国时期的新彩是由外国传入而发展起来的一种釉上彩装饰，亦称"洋彩"，它是中国陶瓷技艺中的一种新的釉上彩绘艺术。新彩改变了古彩、粉彩、珐琅彩的勾线填色法，而是用笔蘸取色料在釉面上直接作画。其色彩种类丰富，品种繁多，发色稳定，呈色光亮，烧成温度高。表现技法与风格接近于水墨画，用笔、设色类似中国画的没骨画（图92）。所用颜料系人工合成，用油调者称"油彩"，用水调者称"水彩"。由于新彩的多种优点，故为一般日用陶瓷普遍采用。

　　新彩刚出现时，是以装饰粗率的日用陶瓷而存在的，20世纪50年代以前其色料的来源、装饰的技法，都是从以德国为主的欧洲国家传来的，故有"洋彩"之谓。民国新彩之所以便于手工生产，是因为这种颜料为"熟料"。所谓"熟料"，即以氧化铜、锰、铁、铬等各种矿物为原料，经过高温熔烧之后成为各种不同色彩的熔块，经过精细研磨后配入专用于低温烘烧的釉面附着剂（熔剂）便可调配使用。因此，民国新彩有两大优点，一是新彩颜色在700℃－800℃的低温烘烧前和烘烧后，颜料呈色基本一致，这便于彩绘时即可看到烧成后的预期效果，有利于使用者把握画面效果；二是除极少数色料相互调配后烘烧时会产生化学反应外，其他大部分颜色均可自由调配。这两大优势不仅使新彩装饰便于陶瓷生产，还为促使陶瓷釉上彩绘新发展提供了必备条件。新彩因其特性的优势，使它在粉彩、古彩之后异军突起，深深扎根于景德镇，把中国陶瓷的彩绘艺术又一次推上了新的高峰。

　　新彩何时传到中国，目前尚无定论和确切的考证。但根据有关资料及对画风的研究，新彩瓷至少在清末至民国初期便已在中国出现，当时主要产区是景德镇和唐山。其时，中国的陶瓷彩绘主要受中国传统绘画的影响，那种"洋彩"画法在中国并没有得到发展。在 20 世纪二三十年代，景德镇的艺人开始学习欧洲"洋彩"的瓷像画法，新彩最初使用的颜料是从欧洲进口的，彩绘技法也是欧洲的明暗画法。在日用陶瓷装饰上，也只是将简单的洋彩装饰技法用于瓷器釉上装饰。"洋彩"画法来自"西洋"，彩绘所用的笔也是和画油画一样的扁笔，为此新彩在当时的唐山也称"扁笔抹花"，在景德镇则称"一笔画"、"新花"。

在 20 世纪二三十年代以前，当时新彩只在粗瓷生产方面被广泛使用。在三四十年代以后，景德镇有些艺人在"洋彩"这种简单的"明暗"装饰技法中结合了中国传统陶瓷彩绘技法的一些基本原理。如画叶片虽然一笔中要画出深浅、浓淡的明暗关系来，花瓣也是几笔画出深浅、浓淡的明暗关系，但背景却是和中国绘画一样留出空白，不需要上彩。他们逐渐有了个人的艺术面貌，应用和尝试的结果也使得景德镇对"洋彩"开始有了重视。"洋彩"除了彩绘技法得到发展以外，以"洋彩"颜料制作的瓷用贴花纸、腐蚀金等，也在四五十年代以后得到了很大的发展。

图 92
新彩花卉纹瓶
景德镇陶瓷馆藏

新彩由于工艺上的优越性能，因而能在不到一个世纪内，在中国得到极大的发展，并成为中国陶瓷装饰艺术的一种主要形式。新彩在全国各瓷区陶瓷装饰艺术的运用中，又进一步形成了不同的地方特色。比如在广东省就有广彩、潮彩之分。而在景德镇，新彩发展得比较全面，并出现了墨彩描金、刷花、喷花、贴花及手工彩绘等多种新彩种类。

墨彩描金是在清朝康熙、雍正、乾隆三朝"色釉描金"和"矾红描金"的基础上发展起来的。自新彩传到中国以后，便有陶瓷艺人利用新彩中的艳黑和光明红，以单一颜色彩绘出有深浅变化的花卉、人物图案等，或以两种颜色并用，并调配出中间色、暗赤色等，深入细致地彩绘出各种人物、

图 93
刷花人物纹瓷板
景德镇陶瓷博物馆藏

花鸟等装饰。烘烧以后，再用金色填描线条，并作第二次烘烧，即可出现丰富、雅致又金碧辉煌的墨彩描金之作。

新彩在景德镇的运用和发挥，除墨彩描金外，还有刷花、喷花。刷花具有洗染（即渲染）细致、匀称的艺术效果，在艺术表现上色彩由浓到淡或两种和两种以上颜色的过渡与衔接，均可通过刷绘的形式达到色级连接柔和、自然的艺术效果。

新彩中应用最广泛、覆盖面最大的日用瓷贴花纸装饰，是在二十世纪四十年代以后发展起来的。在此之前上海有人开始仿制国外的瓷用花纸，然而质量较差，产量也少。以新彩艺术模仿西方古典油画的形式在瓷上彩绘，尤其是绘制肖像，在二十世纪二十年代景德镇"珠山八友"中的邓碧珊、王琦等人便已有所探索，并努力加以推广。除此以外，以刀代笔，在瓷釉上雕刻各种图案或装饰，再上以各种颜色，亦能达到浓淡、深浅不同的色彩效果，也不失为一种新彩装饰的手段。

新彩的手工彩绘虽然在二十世纪三四十年代便在景德镇、唐山等瓷区得到发展，但多是以生产粗瓷为主。五十年代以后，在以新彩艺术形式与传统陶瓷彩绘技法的结合方面，景德镇出现了一些潜心探索的艺术家，在结合一定的传统国画写意画技法，并保持"西洋画"的色彩感觉，形成了自己特殊的艺术风格。20世

图 94
新彩芙蓉图盘
景德镇陶瓷馆藏

图 95
新彩篮地刷花荷花纹盘
景德镇陶瓷馆藏

纪五十年代崭露头角的刷花大家陈先水，吸收新彩技法创造性地发展景德镇刷花工艺，使成本低廉的"洋彩"生产得到了进一步发展（图93）。

　　新彩色彩丰富，除少数颜料不能自由调配外（如辣椒红、红黄只宜单独使用；光明红与黄色调和使用烧成时会起化学变化），其他颜料几乎如同绘画色彩一样可以自由地调配。因此新彩色彩的丰富性，表现的多样性，使用中的厚重感，手法的自由度，是其他陶瓷彩绘所无法比拟的（图94、95、96）。由于新彩始于西方陶瓷彩绘，因此以西洋画表现明暗光影关系的画法自然会在景德镇陶瓷彩绘中有一定的发展。如新彩中的瓷像画法，在吸收欧洲古油画的表现形式方面，陶瓷名家章鉴就具有代表性。章鉴始画瓷像，后转入到画动物、花鸟。他的专长是既能西洋画中的光影画法，又能吸收中国画的专长，并将两者加以综合。虽然追求西画的立体感，但不拘泥于光影关系，掺入了中国画描线的表现方法，也吸收了清代名画家郎世宁的一些技法。因此，他的新彩艺术，已在中西绘画技法的结合中，找到自己的位置。新彩由于其工艺性能的优越性，因此在不长的时间中获得了巨大的发展，成为民国时期景德镇陶瓷彩绘领域中一朵绚丽的奇葩。

图 96
新彩雄鸡图瓷板
景德镇陶瓷馆藏

第十六章　结语

本文根据传世遗物、考古资料与相关文献，对我国宋至民国时期釉上彩作出初步探索，其结论如下：

1、我国最早釉上彩为宋定窑釉上红彩与金磁州窑红绿彩两类，而以磁州窑红绿彩为代表。红绿彩技术为磁州窑独创，其纹饰除受同时代窑场影响之外，亦有创新，彩绘汲取了中国画的某些技法，有些纹样充满那个时代特有的文化气息。

2、金磁州窑红绿彩为釉上矾红、绿、黄合绘而成，矾红最先使用，黄彩是在矾红基础上产生的，其彩料当使用胶水或清水调料。

3、红绿彩的主要彩料——矾红，是由我国工匠发明并首先用于装饰瓷器的。

4、金磁州窑红绿彩的始烧时间大约在金大定元年（公元1161年）以后，大定九年（公元1169年）以前。

5、宋、金以来的金彩技术一直影响到明代永、宣官窑。

6、元代景德镇继承了磁州窑红绿彩技术，其彩饰吸取磁州窑技法，其纹样取之于元青花，其烧造年代大约在14世纪中期。元代优质白瓷的产生为红绿彩的发展提供了广阔空间。

7、明洪武时代红绿彩技术已相当娴熟，而洪武官窑首先将釉上红彩引进官窑，并装饰宫廷用瓷，这可能与明初社会"国俗尚红"和洪武帝的审美情趣有关。

8、永乐官窑不仅继承了洪武官窑釉上彩技术，而且还进行了大胆尝试和创新，其高温酱彩填低温绿彩的技法与釉下锥刻花纹上填颜料的技法为宣德斗彩的烧造准备了工艺条件。

9、宣德官窑大量烧造釉上彩瓷，并创烧了许多新品种，如青花填黄、青花填（矾）红彩等，其斗彩的烧造成功，标志着中国将进入彩瓷时代。

10、正统、景泰、天顺所谓"空白期"釉上彩瓷一直在生产，且民窑曾一度非常活跃，但工艺上完全继承宣德官窑。

11、成化时釉上彩工艺已非常成熟了，品种丰富，有斗彩、单一红彩、绿彩和黄彩、青花矾红彩、青花填黄、青花绿彩，似比宣德时更为多样性。成化斗彩成为中国陶瓷釉上彩转型期的一个开端，为以后的彩瓷树起了一个淡雅、纤巧、细腻的样板。

12、弘治、正德时期釉上彩基本上继承了成化风格，釉上彩的产品不多，也少有创新。最有特色的品种是弘治刻花填彩，正德黄上红、黑彩料似首见于弘治官窑。

13、嘉靖至万历时期，釉上彩瓷产量空前增多，民窑产品的品质有长足发展，最有特色的是此时釉上彩以红、绿、黄、紫、黑彩描画图案，即所谓"大明五彩"，其中红、绿、黄为主色，亦有金彩等多种彩饰的彩瓷。

14、清康、雍、乾时期，釉上彩瓷发展到了又一个高峰。创烧了康熙五彩、珐琅彩、粉彩等一代珍品，成为中国釉上彩瓷发展史上最为鼎盛的时期。

15、清代嘉庆以后景德镇制瓷业开始衰退，其产品已明显退步。清咸丰以后，釉上彩的生产已大不如前代，但此时出现一个崭新品种——浅绛彩瓷，使清中期暗淡的制瓷业有了一丝亮点。

16、民国时期的新彩是由外国传入而发展起来的一种釉上彩装饰，其用笔蘸取色料在釉面上直接作画，表现技法与风格接近于水墨画，用笔、设色类似中国画的没骨画。新彩由于工艺上的优越性能，因而能在不到一个世纪内，在中国得到极大的发展，并成为中国陶瓷装饰艺术的一种主要形式。